ÉGISLATION DOMESTIQUE

DÉPARTEMENT D

COMMUNE D

NOUVEAU LIVRET DE FAMILLE

SUIVI D'UN

PETIT RECUEIL

DE RENSEIGNEMENTS INDISPENSABLES AU CHEF DE FAMILLE

PAR

Félix MORALIA,

JUGE DE PAIX

Nota. — Pour les obligations imposées aux *Parents, Ayant-droit, Nourrices, Sevreuses* ou *Gardeuses* par la *Loi sur la Protection des enfants du premier âge*, voir page 14.

EN VENTE :
Chez Madame veuve **GAUFFIER**
4, Route de Grasse, 4
DRAGUIGNAN (VAR)

Aux termes de l'art. 136 de la Loi municipale, la dépense du Livret de famille est obligatoire.

AVIS IMPORTANT

Le livret de famille permettra d'éviter, dans la **rédaction** des actes postérieurs au mariage, des erreurs **qui ne pourraient** être rectifiées que **par jugement** et en occasionnant aux familles des **frais** et des **pertes de temps.**

Les familles devront donc, **dans leur propre intérêt,** présenter ce livret toutes les fois qu'il **y aura lieu de** faire dresser un **acte de l'État civil** ou même un **acte notarié.**

Draguignan. — Imprimerie Olivier et Rouvier, place Claude Gay, 4.

DÉLIVRANCE

DES EXPÉDITIONS DES ACTES DE L'ÉTAT CIVIL

On peut obtenir des copies sur papier timbré des actes de l'état civil en s'adressant :

Aux Mairies de Paris pour les actes reçus par elles depuis le 1er *janvier* 1860 ;

Aux archives de la Préfecture de la Seine (actuellement au palais de la Bourse) pour les actes détruits en 1871 et reconstitués ;

Aux Mairies de toutes les communes de France, ou aux greffes des tribunaux civils pour les actes de Paris et de toutes les communes des départements.

L'expédition d'un acte de mariage coûte, à Paris......	3 fr.	30
Dans les villes ou communes de 50,000 âmes et au-dessus....................................	2	80
Au-dessous	2	40
L'expédition d'un acte de naissance ou de décès, à Paris.	2	55
Dans les villes ou communes de 50,000 âmes et au-dessus....................................	2	30
Au-dessous	2	10

En outre, la première expédition des actes contenant mention de reconnaissance ou de légitimation est soumise à des droits d'enregistrement, savoir :

Mention de chaque reconnaissance..................	9 fr.	38
Mention de légitimation............................	3	75

Enfin les expéditions d'actes reconstitués à Paris donnent lieu, en sus du prix, à la perception d'un droit fixe de 1 fr. 20 c.

Les expéditions doivent être légalisées par le Président du tribunal de première instance. Le coût de la légalisation est de 25 cent.

AVANT-PROPOS

Le livret de famille, rendu obligatoire par la loi du 5 avril 1884, est incontestablement appelé à rendre d'importants services parce que ce livret constitue en quelque sorte un troisième dépôt des actes de **l'état civil** confié à la garde des intéressés, et sera une source de renseignements précieux pour le cas où les **registres** viendraient à être détruits. De plus, en se reportant à ce **livret** pour la rédaction de chaque acte nouveau intéressant **la famille**, on évitera les erreurs qui se glissent trop fréquemment dans l'indication des **prénoms** ou l'orthographe des **noms**.

Devant cette importante innovation, j'ai pensé d'annexer à ce livret un résumé des principales dispositions des codes et des lois en vigueur, **concernant spécialement la famille**, telles que : *Actes de l'état-civil, Protection des enfants du premier âge, Droits et devoirs dans le mariage, Tutelle et minorité, Contrat de mariage, Successions, Testaments et donations, Scellés, Lois constitutionnelles, Elections diverses, Listes électorales, Incapacités, Dégradation civique, Réhabilitation, Liberté de réunion, Jury, Liberté de funérailles, Service militaire, Liberté individuelle, Enseignement, Bourses, Examens, Juridictions diverses, etc., etc.*

Comme on le voit ce résumé n'est qu'une compilation de documents législatifs et peut, par conséquent, être consulté en toute sécurité.

F. MORALIA
Juge de paix

Draguignan, le 20 avril 1888.

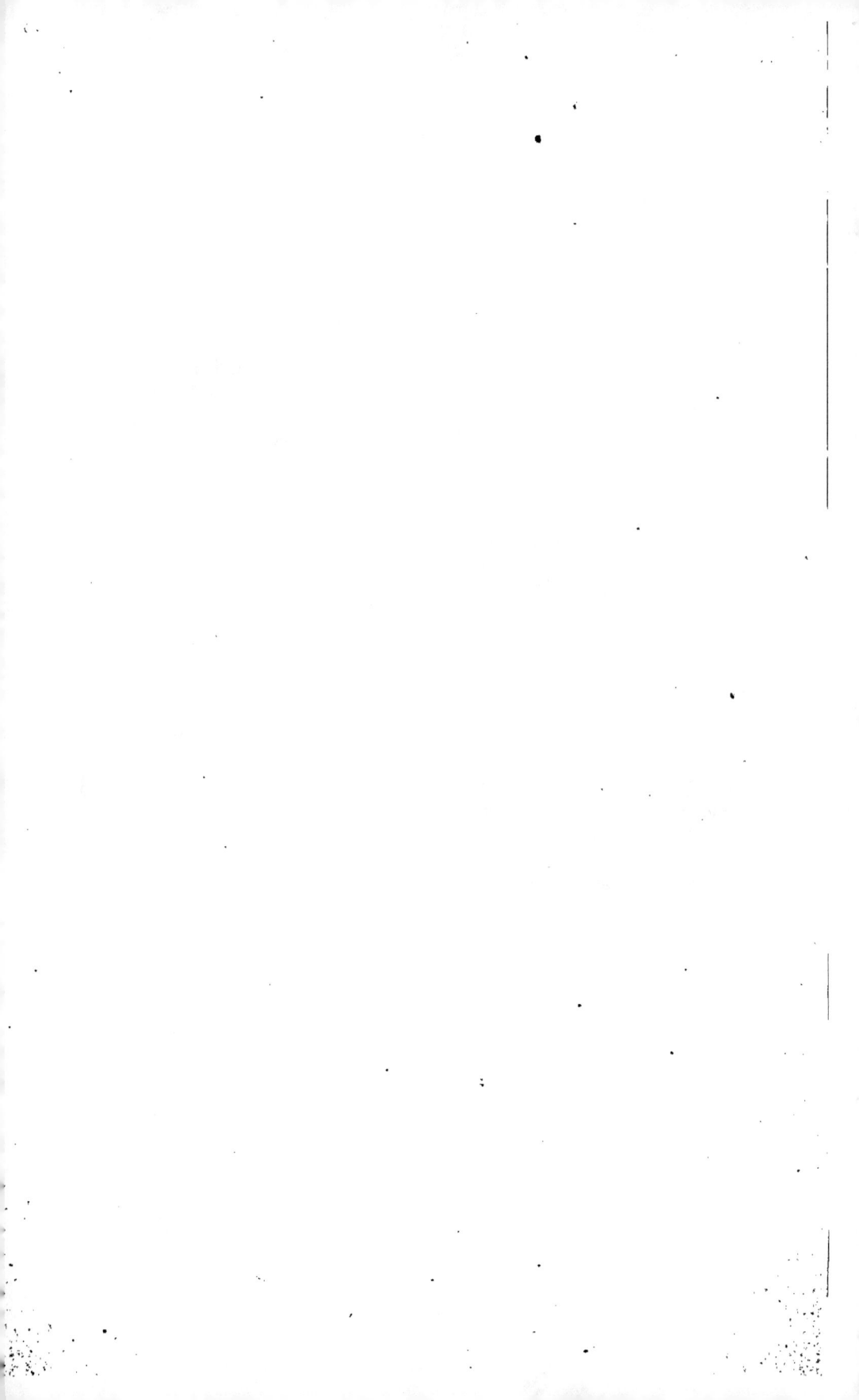

DES ACTES DE L'ÉTAT-CIVIL

L'origine et la présence de l'état civil doivent être établies par des actes publics, parce qu'ils intéressent la *société*. C'est donc la loi qui doit régler la forme de ces actes et en assurer la vérité, en leur donnant le caractère de l'authenticité et en garantissant la conservation. Les droits civils de l'homme prennent leur source à trois époques principales de la vie, qui sont la **naissance**, le **mariage** et le **décès**.

Il était indispensable que la loi attachât à ces trois époques la confection et la sécurité des actes de l'état civil ; en effet, il faut d'abord constater la **naissance** de l'individu pour qu'il commence à jouir de tous les droits qu'accorde la loi civile ; il faut aussi constater la filiation, pour qu'on connaisse la famille à laquelle il appartient et dans laquelle il exerce ses droits ; au moment du **mariage**, il faut que cet acte, le plus sérieux de tous, même au point de vue purement civil, qui doit créer une nouvelle famille et donner à la société de nouveaux membres qui auront aussi leurs droits, reçoive de la loi la même sanction.

Lorsque l'individu cesse de vivre, il faut encore constater la certitude de son **décès**, afin de prévenir de regrettables méprises et de criminelles précipitations Le genre de sa mort, si elle a été l'effet d'un crime, doit être connu, pour en rechercher et en punir les auteurs ; enfin l'époque précise à laquelle, en mourant, il a transmis ses droits à d'autres individus.

C'est de la preuve de tous ces faits, aux *naissances*, aux *mariages* et aux *décès*, que résultent les droits civils, et c'est cette preuve que les actes de *l'état civil* ont pour objet de recueillir et de constater. *Il n'y a donc pas d'actes plus importants que ceux de l'état civil :* c'est sur eux que reposent l'état des hommes, la sécurité et la constitution des familles, qui sont les bases de l'ordre social.

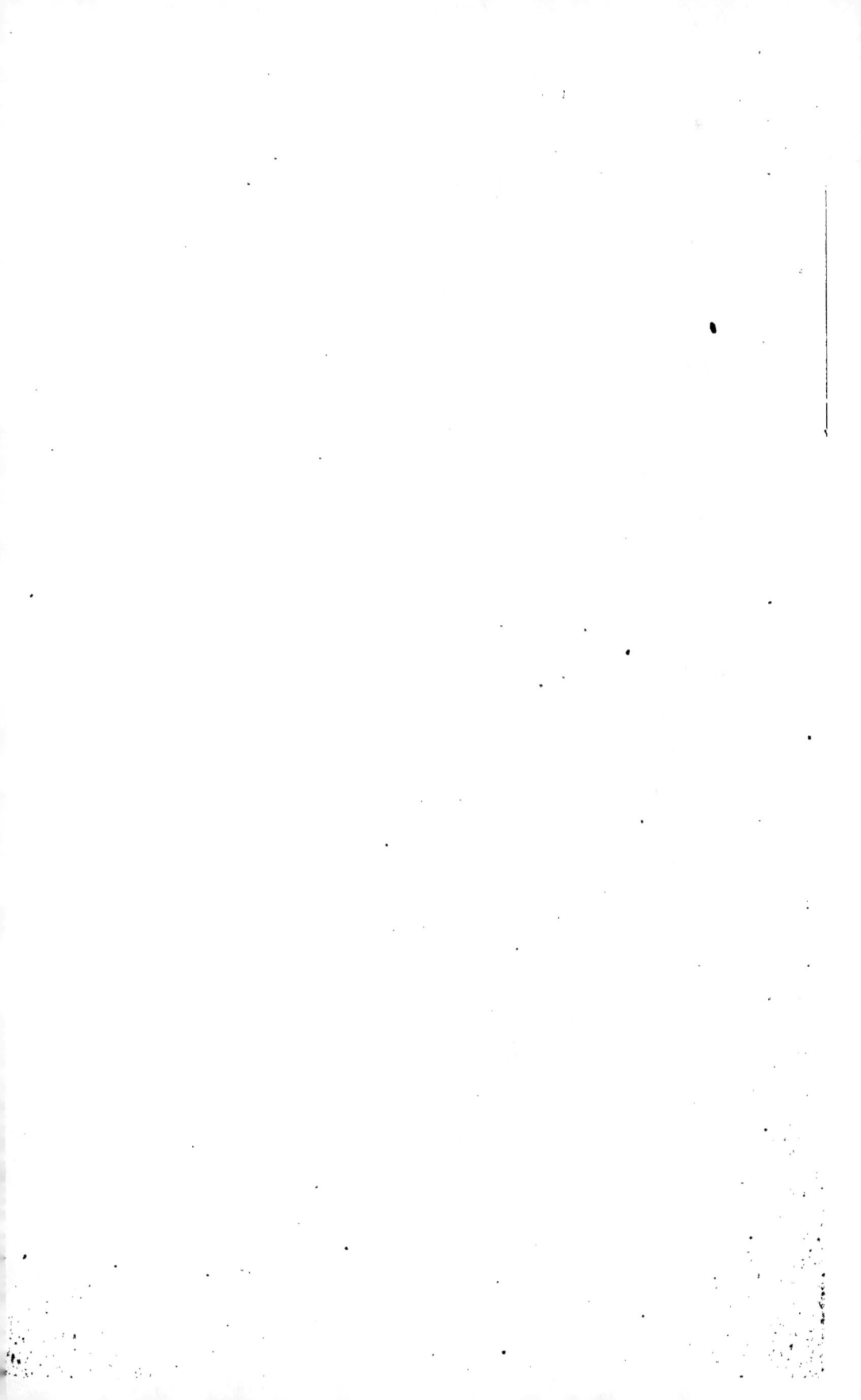

ANNÉE 18 ....

REGISTRE ....

Numéro ....

DÉPARTEMENT D

VILLE D

Du *mil huit cent*

Mariage

ENTRE :

Né le ... à ...

Arrondissement d département d

Profession

Domicilié à

Fils de ... } mariés.

et de ... }

Veuf de ...

ET

Née le à

Arrondissement d départ. d

Profession

Domiciliée à

Fille de ... } mariés.

et de ... }

Veuve de ...

Contrat de mariage

Délivré le ... 18

L'Officier de l'État civil,

Timbre et Signature

ÉPOUX

Nom :

Prénoms :

Décédé le

à n°

L'Officier de l'État civil,

Timbre et signature

Nom :

Prénoms :

Décédé le

à n°

L'Officier de l'État civil,

Timbre et signature

ENFANTS

Nom : ....

Prénoms : ....

Né le ....

à ....

L'Officier de l'État civil,

Timbre et signature

Décédé le ....

à ....

L'Officier de l'État civil,

Timbre et signature

Nom : ....

Prénoms : ....

Né le ....

à ....

L'Officier de l'État civil,

Timbre et signature

Décédé le ....

à ....

L'Officier de l'État civil,

Timbre et signature

Nom :

Prénoms :

Né le à *L'Officier de l'État civil,* Timbre et signature	Décédé le à *L'Officier de l'État civil,* Timbre et signature

Nom :

Prénoms :

Né le à *L'Officier de l'État civil,* Timbre et signature	Décédé le à *L'Officier de l'État civil,* Timbre et signature

Nom :

Prénoms :

Né le

à

L'Officier de l'État civil,

Timbre et signature

Décédé le

à

L'Officier de l'État civil,

Timbre et signature

Nom :

Prénoms :

Né le

à

L'Officier de l'État civil,

Timbre et signature

Décédé le

à

L'Officier de l'Etat civil,

Timbre et signature

Nom : ....

Prénoms : ....

Né ... le .... | Décédé le ....

à .... | à ....

L'Officier de l'État civil, | *L'Officier de l'Etat civil,*

Timbre et signature | Timbre et signature

Nom : ....

Prénoms : ....

Né ... le .... | Décédé le ....

à .... | à ....

L'Officier de l'Etat civil, | *L'Officier de l'Etat civil,*

Timbre et signature | Timbre et signature

Nom :..

Prénoms :..

Né... le .... | Décédé le ....

à .... | à ....

L'Officier de l'Etat civil, | *L'Officier de l'Etat civil,*

Timbre et signature | Timbre et signature

Nom :..

Prénoms :..

Né... le .... | Décédé le ....

à .... | à ....

L'Officier de l'Etat civil, | *L'Officier de l'Etat civil.*

Timbre et signature | Timbre et signature

Nom :

Prénoms :

Né le

à

L'Officier de l'Etat civil,

Timbre et signature

Décédé le

à

L'Officier de l'Etat civil,

Timbre et signature

Nom :

Prénoms :

Né le

à

L'Officier de l'Etat civil,

Timbre et signature

Décédé le

à

L'Officier de l'Etat civil,

Timbre et signature

TITRE PREMIER

CHAPITRE PREMIER

DE LA NAISSANCE

1. Les déclarations de naissance seront faites dans les trois jours de l'accouchement, à l'officier de l'état civil du lieu ; l'enfant lui sera présenté.

2. La naissance de l'enfant sera déclarée par le père, ou, à défaut du père, par les docteurs en médecine ou en chirurgie, sages-femmes, officiers de santé ou autres personnes qui auront assisté à l'accouchement ; et lorsque la mère sera accouchée hors de son domicile, par la personne chez qui elle sera accouchée. — L'acte de naissance sera rédigé de suite, en présence de deux témoins.

3. Toute personne qui, ayant assisté à un accouchement, n'aura pas fait la déclaration à elle prescrite par le n° 2 ci-dessus, et dans le délai fixé par le n° 1, sera punie d'un emprisonnement de six jours à six mois, et d'une amende de seize à trois cents francs.

4. Toute personne qui aura trouvé un enfant nouveau-né, sera tenue de le remettre à l'officier de l'état civil, ainsi que les vêtements et autres effets trouvés avec l'enfant, et de déclarer toutes les circonstances du temps et du lieu où il aura été trouvé. — Il en sera dressé un procès-verbal détaillé, qui énoncera en outre l'âge apparent de l'enfant, son sexe, les noms qui lui seront donnés, l'autorité civile à laquelle il sera remis. Ce procès-verbal sera inscrit sur les registres.

§ 1er. — *Des crimes et délits envers l'enfant*

5. Les coupables d'enlèvement, de recélé ou de suppression d'un enfant, de substitution d'un enfant à un autre, ou de supposition d'un enfant à une femme qui ne sera pas accouchée, seront punis de la réclusion. — S'il n'est pas établi que l'enfant ait vécu, la peine sera d'un mois à cinq ans d'emprisonnement. — S'il est établi que l'enfant n'a pas vécu, la peine sera de 6 jours à deux mois d'emprisonnement. — Seront punis de la réclusion ceux qui, étant chargés d'un enfant ne le représenteront point aux personnes qui ont le droit de le réclamer.

6. Toute personne qui ayant trouvé un enfant nouveau-né, ne l'aura pas remis à l'officier de l'état civil ainsi qu'il est prescrit par le n° 4 ci-dessus, sera punie des peines portées au précédent article. — La présente disposition n'est point applicable à celui qui aurait consenti à se charger de l'enfant, et qui aurait fait sa déclaration à cet égard devant la municipalité du lieu où l'enfant a été trouvé.

7. Ceux qui auront porté à un hospice un enfant au-dessous de

l'âge de sept ans accomplis, qui leur aurait été confié afin qu'ils en prissent soin ou pour toute autre cause, seront punis d'un emprisonnement de six semaines à six mois, et d'une amende de seize francs à cinquante francs. Toutefois aucune peine ne sera prononcée, s'ils n'étaient pas tenus ou ne s'étaient pas obligés de pourvoir gratuitement à la nourriture et à l'entretien de l'enfant, et si personne n'y avait pourvu.

8. Ceux qui auront exposé et délaissé en un lieu solitaire un enfant au-dessous de l'âge de sept ans accomplis ; ceux qui auront donné l'ordre de l'exposer ainsi, si cet ordre a été exécuté, seront, pour ce seul fait, condamnés à un emprisonnement de six mois à deux ans, et à une amende de seize francs à deux cents francs.

9. La peine portée au précédent article sera de deux ans à cinq ans, et l'amende de cinquante francs à quatre cents francs, contre les tuteurs ou tutrices, instituteurs ou institutrices de l'enfant exposé et délaissé par eux ou par leur ordre.

10. Si, par suite de l'exposition et du délaissement prévus par les deux n[os] précédents, l'enfant est demeuré mutilé ou estropié, l'action sera considérée comme blessures volontaires à lui faites par la personne qui l'a exposé et délaissé ; et si la mort s'en est suivie, l'action sera considérée comme meurtre : au premier cas, les coupables subiront la peine applicable aux blessures volontaires : et, au second cas, celle du meurtre.

11. Ceux qui auront exposé et délaissé en un lieu non solitaire un enfant au-dessous de l'âge de sept ans accomplis, seront punis d'un emprisonnement de trois mois à un an, et d'une amende de seize francs à cent francs.

12. Le délit prévu par le précédent article sera puni d'un emprisonnement de six mois à deux ans et d'une amende de vingt-cinq francs à deux cents francs s'il a été commis par les tuteurs, tutrices, instituteurs ou institutrices de l'enfant.

CHAPITRE II

De la Protection des Enfants du 1er âge
(Loi du 23 décembre 1874).

13. Tout enfant, âgé de moins deux ans, qui est placé, moyennant salaire, en nourrice, en sevrage ou en garde, hors du domicile de ses parents, devient, par ce fait, l'objet d'une surveillance de l'autorité publique, ayant pour but de protéger sa vie et sa santé.

14. Sont soumis à la surveillance instituée par la présente loi : toute personne ayant un nourrisson ou un ou plusieurs enfants en sevrage ou en garde, placés chez elle moyennant salaire ; les bureaux de placement et tous les intermédiaires qui s'emploient au placement des enfants en nourrice, en sevrage ou en garde.

Le refus de recevoir la visite du médecin-inspecteur, du maire de la commune, ou de toutes autres personnes déléguées ou autorisées en vertu de la présente loi, est puni d'une amende de cinq à quinze francs (5 à 15 fr.).

Un emprisonnement de un à cinq jours peut être prononcé si le refus dont il s'agit est accompagné d'injures ou de violences.

15. Toute personne qui place un enfant en nourrice, en sevrage ou en garde, moyennant salaire, est tenue, sous les peines portées par le nº 3 ci-dessus, d'en faire la déclaration à la mairie de la commune où a été faite la déclaration de naissance de l'enfant, ou à la mairie de la résidence actuelle du déclarant, en indiquant, dans ce cas, le lieu de la naissance de l'enfant, et de remettre à la nourrice ou à la gardeuse un bulletin contenant un extrait de l'acte de naissance de l'enfant qui lui est confié.

16. Toute personne qui veut se procurer un nourrisson ou un ou plusieurs enfants en sevrage ou en garde, est tenue de se munir préalablement des certificats exigés par les règlements pour indiquer son état civil et justifier de son aptitude à nourrir ou à recevoir des enfants en sevrage ou en garde.

Toute personne qui veut se placer comme nourrice sur lieu, est tenue de se munir d'un certificat du maire de sa résidence, indiquant si son dernier enfant est vivant et constatant qu'il est âgé de sept mois révolus, ou, s'il n'a pas atteint cet âge, qu'il est allaité par une autre femme remplissant les conditions qui seront déterminées par le règlement d'administration publique prescrit par l'article 12 de la présente loi.

Toute déclaration ou énonciation reconnue fausse dans lesdits certificats entraine l'application au certificateur des peines portées au paragraphe 1er de l'article 155 du code pénal (1 à 6 mois d'emprisonnement).

17. Toute personne qui a reçu chez elle, moyennant salaire, un nourrisson ou un enfant en sevrage ou en garde, est tenue, sous les peines portées au nº 3 :

1º D'en faire la déclaration à la mairie de la commune de son domicile dans les trois jours de l'arrivée de l'enfant, et de remettre le bulletin mentionné au nº 16 ;

2º De faire, en cas de changement de résidence, la même déclaration à la mairie de sa nouvelle résidence ;

3º De déclarer dans le même délai, le retrait de l'enfant par ses parents ou la remise de cet enfant à une autre personne, pour quelque cause que cette remise ait lieu ;

4º En cas de décès de l'enfant, de déclarer ce décès dans les vingt-quatre heures.

18. Nul.........

Si, par suite de la contravention ou par suite d'une négligence de la part d'une nourrice ou d'une gardeuse, il est résulté un dommage pour la santé d'un ou de plusieurs enfants, la peine d'emprisonnement de un à cinq jours peut être prononcée.

En cas de décès d'un enfant, l'emprisonnement de trois mois à deux ans et l'amende de cinquante à six cents francs, peut être prononcée.

19. En dehors des pénalités spécifiées dans les articles précédents, toute infraction aux dispositions de la présente loi et des règlements d'administration publique qui s'y rattachent est punie d'une amende de cinq à quinze francs (5 fr. à 15 fr.).

20. Les mois de nourrice dus par les parents ou par toute autre personne font partie des créances privilégiées et prennent rang entre les nºs 3 et 4 de l'article 2101 du code civil.

CHAPITRE III

De la Paternité et Filiation

21. L'enfant conçu pendant le mariage a pour père le mari. — Néanmoins celui-ci pourra désavouer l'enfant, s'il prouve que, pendant le temps qui a couru depuis le trois-centième jusqu'au cent quatre-vingtième jour avant la naissance de cet enfant, il était, soit par cause d'éloignement, soit par l'effet de quelque accident, dans l'impossibilité physique de cohabiter avec sa femme.

22 En cas de séparation de corps ou de jugement de divorce prononcé, ou même demandé, le mari pourra désavouer l'enfant qui sera né trois cents jours après l'ordonnance du président du tribunal rendue après la comparution en conciliation tentée, avant la demande en séparation ou en divorce, et moins de cent quatre-vingts jours depuis le rejet définitif de la demande ou depuis la réconciliation, — L'action en désaveu ne sera pas admise, s'il y a eu réunion de fait entre les époux.

23. Le mari ne pourra, en alléguant son impuissance naturelle, désavouer l'enfant : il ne pourra le désavouer même pour cause d'adultère, à moins que la naissance ne lui ait été cachée, auquel cas il sera admis à proposer tous les faits propres à justifier qu'il n'en est pas le père.

24. L'enfant né avant le cent quatre-vingtième jour du mariage, ne pourra être désavoué par le mari, dans les cas suivants : 1° s'il a eu connaissance de la grossesse avant le mariage : 2° s'il a assisté à l'acte de naissance, et si cet acte est signé de lui, ou contient sa déclaration qu'il ne sait signer : 3° si l'enfant n'est pas déclaré viable.

25. La légitimité de l'enfant né trois cents jours après la dissolution du mariage, pourra être contestée.

26. Dans les divers cas où le mari est autorisé à réclamer, il devra le faire dans le mois, s'il se trouve sur les lieux de la naissance de l'enfant ; — Dans les deux mois après son retour, si, à la même époque, il est absent ; — Dans les deux mois après la découverte de la fraude, si on lui avait caché la naissance de l'enfant.

CHAPITRE IV

De la légitimation des enfants naturels

27. Les enfants nés hors mariage, autres que ceux nés d'un commerce incestueux ou adultérin, pourront être légitimés par le mariage subséquent de leur père et mère, lorsque ceux-ci les auront légalement reconnus avant leur mariage, ou qu'ils les reconnaîtront dans l'acte même de célébration.

28. La légitimation peut avoir lieu, même en faveur des enfants décédés qui ont laissé des descendants ; et dans ce cas, elle profite à ses descendants.

29. Les enfants légitimés par le mariage subséquent auront les mêmes droits que s'ils étaient nés de ce mariage.

§ 2. — *De la reconnaissance des enfants naturels*

30. La reconnaissance d'un enfant naturel sera faite par un acte authentique, lorsqu'elle ne l'aura pas été dans son acte de naissance.

31. Cette reconnaissance ne pourra avoir lieu au profit des enfants nés d'un commerce incestueux ou adultérin.

32 La reconnaissance du père, sans l'indication et l'aveu de la mère, n'a d'effet qu'à l'égard du père.

33. L'enfant naturel reconnu ne pourra réclamer les droits d'enfants légitime. Les droits des enfants naturels seront réglés au titre *des Successions.*

34. Toute reconnaissance de la part du père ou de la mère, de même que toute réclamation de la part de l'enfant, pourra être contestée par tous ceux qui y auront intérêt.

35. La recherche de la paternité est interdite. Dans le cas d'enlèvement, lorsque l'époque de cet enlèvement se rapportera à celle de la conception, le ravisseur pourra être, sur la demande des parties intéressées, déclaré père de l'enfant.

36. La recherche de la maternité est admise. — L'enfant qui réclamera sa mère, sera tenu de prouver qu'il est identiquement le même que l'enfant dont elle est accouchée. Il ne sera reçu à faire cette preuve par témoins, que lorsqu'il y aura déjà un commencement de preuve par écrit.

37 Un enfant ne sera jamais admis à la recherche, soit de la paternité, soit de la maternité, lorsqu'il sera né d'un commerce incestueux ou adultérin.

CHAPITRE V

De l'Adoption

38. L'adoption n'est permise qu'aux personnes de l'un ou de l'autre sexe, âgées de plus de cinquante ans, qui n'auront, à l'époque de l'adoption, ni enfants, ni descendants légitimes, et qui auront au moins quinze ans de plus que les individus qu'elles se proposent d'adopter

39. Nul ne peut être adopté par plusieurs, si ce n'est par deux époux.

40. La faculté d'adopter ne pourra être exercée qu'envers l'individu à qui l'on aura, dans sa minorité et pendant six ans au moins, fourni des secours et donné des soins non interrompus, ou envers celui qui aurait sauvé la vie à l'adoptant, soit dans un combat, soit en le retirant des flammes ou des flots — Il suffira, dans ce deuxième cas, que l'adoptant soit majeur, plus âgé que l'adopté, sans enfants ni descendants légitimes ; et, s'il est marié, que son conjoint consente à l'adoption.

41. L'adoption ne pourra, en aucun cas, avoir lieu avant la majorité de l'adopté. Si l'adopté, ayant encore ses père et mère, ou l'un

des deux, n'a point accompli sa vingt-cinquième année, il sera tenu de rapporter le consentement donné à l'adoption par ses père et mère, ou par le survivant ; et, s'il est majeur de vingt-cinq ans, de requérir leur conseil.

42. L'adoption conférera le nom de l'adoptant à l'adopté, en l'ajoutant au nom propre de ce dernier.

43. La personne qui se proposera d'adopter, et celle qui voudra être adoptée, se présenteront devant le juge de paix du domicile de l'adoptant.

44. Si l'adoptant vient à mourir après que l'acte constatant sa volonté a été reçu par le juge de paix et porté devant les tribunaux, et avant que ceux-ci aient définitivement prononcé, l'instruction doit être continuée, et l'adoption admise s'il y a lieu. Les héritiers de l'adoptant peuvent, s'ils croient l'adoption inadmissible, remettre au procureur de la République, dans ce seul cas, tous mémoires et observations à cet égard.

CHAPITRE VI

De la Minorité

45 Le mineur est l'individu de l'un et de l'autre sexe qui n'a point encore l'âge de vingt-un ans accomplis.

CHAPITRE VII

De la Puissance paternelle

46. L'enfant, à tout âge, doit honneur et respect à ses père et mère.

47. Il reste sous leur autorité jusqu'à sa majorité ou son émancipation. Le père seul exerce cette autorité durant le mariage.

48. L'enfant ne peut quitter la maison paternelle sans la permission de son père, si ce n'est pour enrôlement volontaire, après l'âge de dix-huit ans révolus.

49. Le père qui aura des sujets de mécontentement très graves sur la conduite d'un enfant, aura les moyens de correction suivants.

50. Si l'enfant est âgé de moins de seize ans commencés, le père pourra le faire détenir pendant un temps qui ne pourra excéder un mois ; et, à cet effet, le président du tribunal d'arrondissement devra, sur sa demande, délivrer l'ordre d'arrestation.

51. Depuis l'âge de seize ans commencés jusqu'à la majorité ou l'émancipation, le père pourra seulement requérir la détention de son enfant pendant six mois au plus ; il s'adressera au président dudit tribunal, qui, après en avoir conféré avec le procureur de la République, délivrera l'ordre d'arrestation ou le refusera, et pourra, dans le premier cas, abréger le temps de la détention requis par le père.

52. Il n'y aura, dans l'un et l'autre cas, aucune écriture ni forma-

lité judiciaire, si ce n'est l'ordre même d'arrestation, dans lequel les motifs n'en seront pas énoncés. - Le père sera seulement tenu de souscrire une soumission de payer tous les frais, et de fournir les aliments convenables.

53. Le père est toujours maître d'abréger la durée de la détention par lui ordonnée ou requise. Si, après sa sortie, l'enfant tombe dans de nouveaux écarts, la détention pourra être de nouveau ordonnée de la manière prescrite aux n[os] précédents.

54. Si le père est remarié, il sera tenu, pour faire détenir son enfant du premier lit, lors même qu'il serait âgé de moins de seize ans, de se conformer au n° 51.

55. La mère survivante et non remariée ne pourra faire détenir un enfant qu'avec le concours des deux plus proches parents paternels, et par voie de réquisition, conformément au même n° 51.

56. Lorsque l'enfant aura des biens personnels, ou lorsqu'il exercera un état, sa détention ne pourra, même au-dessous de seize ans, avoir lieu que par voie de réquisition, en la forme prescrite par le n° 51. — L'enfant détenu pourra adresser un mémoire au procureur général près la cour d'appel. Celui-ci se fera rendre compte par le procureur de la République près le tribunal de première instance, et fera son rapport au président de la cour, qui, après en avoir donné avis au père, et après avoir recueilli tous les renseignements, pourra révoquer ou modifier l'ordre délivré par le président du tribunal de première instance.

57. Les numéros 50, 51, 52 et 53 ci-dessus seront communs aux pères et mères des enfants naturels

58. Le père, durant le mariage, et, après la dissolution du mariage, le survivant des père et mère, auront la jouissance des biens de leurs enfants jusqu'à l'âge de dix-huit ans accomplis ou jusqu'à l'émancipation, qui pourra avoir lieu avant dix-huit ans. Avec cette jouissance, le père est tenu de la nourriture, l'entretien et l'éducation des enfants selon leur fortune ; des frais funéraires et de ceux de dernière maladie.

59. Cette jouissance n'aura pas lieu au profit des père et mère contre lequel le divorce aurait été prononcé ; et elle cessera à l'égard de la mère dans le cas d'un second mariage.

60. Le défaut d'inventaire fait perdre à l'époux survivant la jouissance de leurs revenus ; et le subrogé tuteur qui ne l'a point obligé à faire inventaire, est solidairement tenu avec lui de toutes les condamnations qui pourront être prononcées au profit des mineurs.

61. La jouissance ne s'étendra pas aux biens que les enfants pourront acquérir par un travail et une industrie séparés, ni à ceux qui leur seront donnés ou légués sous la condition expresse que les père et mère n'en jouiront pas.

CHAPITRE VIII

Des tutelles

§ 1er. — *Tutelle des père et mère*

62. La tutelle est la charge imposée à quelqu'un par la loi, ou par la volonté de l'homme en vertu des dispositions de la loi, d'admi-

nistrer gratuitement la personne et les biens d'un incapable. On nomme tuteur celui qui exerce cette charge.

63. Le père est, durant le mariage, administrateur des biens personnels de ses enfants mineurs. Après la dissolution du mariage arrivée par la mort naturelle ou civile de l'un des époux, la tutelle des enfants mineurs et non émancipés appartient de plein droit au survivant des père et mère.

64. Pourra néanmoins le père nommer à la mère survivante et tutrice un conseil spécial, sans l'avis duquel elle ne pourra faire aucun acte relatif à la tutelle. — Si le père spécifie les actes pour lesquels le conseil sera nommé, la tutrice sera habile à faire les autres sans son assistance.

65. Cette nomination de conseil ne pourra être faite que de l'une des manières suivantes : — 1° Par un acte de dernière volonté ; — 2° Par une déclaration faite ou devant le juge de paix, assisté de son greffier, ou devant notaires.

66. Si, lors du décès du mari, la femme est enceinte, il sera nommé un curateur au ventre par le conseil de famille. — A la naissance de l'enfant, la mère deviendra tutrice, et le curateur en sera de plein droit le subrogé tuteur.

67. La mère n'est point tenue d'accepter la tutelle ; néanmoins, et en cas qu'elle refuse, elle devra en remplir les devoirs jusqu'à ce qu'elle ait fait nommer un tuteur.

68. Si la mère tutrice veut se remarier, elle devra, avant l'acte de mariage, convoquer le conseil de famille, qui décidera si la tutelle doit lui être conservée. — A défaut de cette convocation, elle perdra la tutelle de plein droit ; et son nouveau mari sera solidairement responsable de toutes les suites de la tutelle qu'elle aura indûment conservée.

69. Lorsque le conseil de famille, dûment convoqué, conservera la tutelle à la mère, il lui donnera nécessairement pour cotuteur le second mari, qui deviendra solidairement responsable, avec sa femme, de la gestion postérieure au mariage.

§ 2. — *De la tutelle déférée par le père ou la mère*

70. Le droit individuel de choisir un tuteur parent, ou même étranger, n'appartient qu'au dernier mourant des père et mère.

71. Ce droit ne peut être exercé que dans les formes prescrites par le n° 65 ci-dessus, et sous les exceptions et modifications ci-après.

72. La mère remariée et non maintenue dans la tutelle des enfants de son premier mariage, ne peut leur choisir un tuteur.

73. Lorsque la mère remariée, et maintenue dans la tutelle, aura fait choix d'un tuteur aux enfants de son premier mariage, ce choix ne sera valable qu'autant qu'il sera confirmé par le conseil de famille.

74. Le tuteur élu par le père ou la mère n'est pas tenu d'accepter la tutelle, s'il n'est d'ailleurs dans la classe des personnes qu'à défaut de cette élection spéciale le conseil de famille eût pu en charger.

§ 3, — *De la tutelle des ascendants*

75. Cette tutelle se nomme *légitime*, parce qu'elle est déférée par la loi. Lorsqu'il n'a pas été choisi au mineur un tuteur par le der-

nier mourant des père et mère, la tutelle appartient de droit à son aïeul paternel ; à défaut de celui-ci, à son aïeul maternel, et ainsi en remontant, de manière que l'ascendant paternel soit toujours préféré à l'ascendant maternel du même degré.

76. Si, à défaut d'aïeul paternel et d'aïeul maternel du mineur, la concurrence se trouvait établie entre deux ascendants du degré supérieur, qui appartinssent tous deux à la ligne paternelle du mineur, la tutelle passera de droit à celui des deux qui se trouvera être l'aïeul paternel du père du mineur.

77. Si la même concurrence a lieu entre deux bisaïeuls de la ligne maternelle, la nomination sera faite par le conseil de famille, qui ne pourra néanmoins que choisir l'un de ces deux ascendants.

§ 3. — *De la tutelle concernant les enfants admis dans les hospices*

78. Cette tutelle rentre dans la tutelle *légitime*, parce que la loi désigne à l'avance, directement, d'une manière générale et absolue, le tuteur de ces enfants.

79. La tutelle appartient, dans ce cas, à l'un des membres de la commission des hospices, désigné par la commission, laquelle remplit l'office de conseil de famille.

§ 4. — *De la tutelle déférée par le conseil de famille*

80. Cette tutelle se nomme *dative*.

81. Le conseil de famille auquel est laissé le droit de la donner, est une assemblée composée des parents ou alliés du mineur, et présidé par le juge de paix. Il a différentes attributions dans l'intérêt du mineur.

82 Lorsqu'un enfant mineur et non émancipé restera sans père ni mère, ni tuteur élu par ses père et mère, ni ascendant mâle ; comme aussi lorsque le tuteur de l'une des qualités ci-dessus exprimées se trouvera ou dans le cas des exclusions dont il sera parlé ci-après, ou valablement excusé, il sera pourvu par le conseil de famille à la nomination d'un tuteur.

83. Ce conseil sera convoqué, soit sur la réquisition et à la diligence des parents du mineur, de ses créanciers ou d'autres parties intéressées, soit même d'office, à la poursuite du juge de paix du domicile du mineur. Toute personne pourra dénoncer à ce juge de paix le fait qui donnera lieu à la nomination du tuteur.

83 b. Le conseil de famille est composé, non compris le juge de paix, de six parents ou alliés, pris tant dans la commune où la tutelle est ouverte, que dans la distance de deux myriamètres, moitié du côté paternel, moitié du côté maternel, en suivant l'ordre de proximité dans chaque ligne. Le parent sera préféré à l'allié du même degré, et, parmi les parents du même degré, le plus âgé à celui qui le sera le moins.

84. Les frères germains du mineur et les maris des sœurs germaines sont seuls exceptés de la limitation de nombre posée par le numéro précédent.

85. S'ils sont six ou au-delà, ils seront tous membres du conseil

de famille qu'ils composeront seuls avec les veuves d'ascendants et les ascendants valablement excusés, s'il y en a.

S'ils sont en nombre inférieur, les autres parents ne seront appelés que pour compléter le conseil.

86. Lorsque les parents ou alliés d'une ou de l'autre ligne se trouveront en nombre insuffisant sur les lieux ou dans la distance désignée au n° 83 b., le juge de paix appellera, soit des parents ou alliés domiciliés à de plus grandes distances, soit dans la commune même, des citoyens connus pour avoir eu des relations habituelles d'amitié avec le père ou la mère du mineur.

87. Les parents, alliés ou amis, ainsi convoqués, seront tenus de se rendre en personne, ou de se faire représenter par un mandataire spécial, sous peine d'une amende qui ne pourra excéder 50 francs.

88. Le fondé de pouvoir ne pourra représenter plus d'une personne.

89. S'il y a excuse suffisante, et qu'il convienne, soit d'attendre le membre absent, soit de le remplacer, en ce cas, comme en tout autre où l'intérêt du mineur semblera l'exiger, le juge de paix pourra ajourner l'assemblée ou la proroger.

90. Cette assemblée se tiendra de plein droit chez le juge de paix, à moins qu'il ne désigne lui-même un autre local La présence des trois quarts au moins de ses membres convoqués sera nécessaire pour qu'elle délibère.

91. Le conseil de famille sera présidé par le juge de paix, qui y aura voix délibérative, et prépondérante en cas de partage.

92. Le tuteur agira et administrera, en cette qualité, du jour de sa nomination, si elle a lieu en sa présence ; sinon, du jour qu'elle lui aura été notifiée.

93. La tutelle est une charge personnelle qui ne passe point aux héritiers du tuteur. Ceux-ci seront seulement responsables de la gestion de leur auteur ; et, s'ils sont majeurs, ils seront tenus de la continuer jusqu'à la nomination d'un nouveau tuteur.

§ 3. — *Du subrogé-tuteur*

94 Le subrogé-tuteur est la personne chargée dans toute tutelle de veiller aux intérêts du pupille, et de les défendre lorsqu'ils sont en opposition avec ceux du tuteur.

95. Dans toute tutelle, il y aura un subrogé-tuteur nommé par le conseil de famille. Ses fonctions consistent à agir pour les intérêts du mineur, lorsqu'ils seront en opposition avec ceux du tuteur

96. Dans toutes les tutelles naturelles ou légitimes, le père, la mère ou l'ascendant tuteur doivent, avant d'entrer en fonctions, faire convoquer le conseil de famille pour la nomination du subrogé-tuteur ; et s'ils s'ingèrent dans la gestion avant d'avoir rempli cette formalité, le conseil de famille, convoqué, soit sur la réquisition des parents, soit d'office, par le juge de paix, peut, s'il y a lieu, lui retirer la tutelle, sans préjudice des indemnités dues au mineur

97. Dans les autres tutelles, la nomination du subrogé-tuteur a lieu immédiatement après celle du tuteur.

98. Hors le cas où le conseil de famille ne se trouve composé que de frères germains, qui appartiennent tout à la fois à la ligne paternelle et à la ligne maternelle, le subrogé-tuteur doit être pris dans celle des deux lignes à laquelle n'appartient pas le tuteur.

99. Le tuteur ne peut, en aucun cas, voter pour la nomination du subrogé-tuteur qui est appelé à surveiller sa gestion ; il ne peut non plus, par la même raison, en provoquer la destitution, ni voter dans les conseils de famille convoqués pour cet objet.

100. Les fonctions de subrogé-tuteur cessent à la même époque que la tutelle.

101. Le subrogé-tuteur doit obliger l'époux commun survivant à faire inventaire comme il est dit au n° 219 ci-après.

102 Il est tenu, sous sa responsabilité, et sous peine de dommages-intérêts, de veiller à ce qu'il soit pris inscriptions sans délai sur les biens du tuteur, pour raison de sa gestion. Ses biens ne sont grevés d'aucune hypothèque légale.

103 L'article 7 de la loi du 27 février 1887, impose au subrogé-tuteur de surveiller l'accomplissement des formalités prescrites par la dite loi (Voir ci-après)

§ VI. — *Causes qui dispensent de la tutelle.*

104. La tutelle est une charge publique instituée dans l'intérêt particulier du mineur, que personne ne peut refuser sans excuse ou dispense légitime

Néanmoins, tout citoyen non parent ni allié ne peut être forcé d'accepter la tutelle que dans le cas où il n'existerait pas, dans la distance de quatre myriamètres, des parents ou alliés en état de gérer la tutelle.

Sont dispensés de la tutelle les personnes désignées dans l'acte du 18 mai 1804.

Sont encore dispensés de la tutelle les indivivus âgés de soixante-cinq ans accomplis, et celui qui aura été nommé avant cet âge pourra, à soixante dix ans se faire décharger de la tutelle

Tout individu atteint d'une infirmité grave et dûment justifiée, pourra s'en faire décharger, si cette infirmité est survenue depuis sa nominaiton.

Sont aussi dispensées les personnes déjà chargées de deux tutelles.

Celles qui auront cinq enfants légitimes, etc.

105 La survenance d'enfants pendant la tutelle ne pourra autoriser à l'abdiquer.

106. Si le tuteur nommé est présent à la délibération qui lui défère la tutelle, il devra sur-le-champ, et sous peine d'être déclaré non-recevable dans toute réclamation ultérieure, proposer ses excuses, sur lesquelles le conseil de famille délibérera.

107. Si le tuteur nommé n'a pas assisté à la délibération qui lui a déféré la tutelle, il pourra faire convoquer le conseil de famille pour délibérer sur ces excuses.

Ses diligences à ce sujet devront avoir lieu dans le délai, de trois jours, à partir de la notification qui lui aura été faite de sa nomination ; lequel délai sera augmenté d'un jour par trois myriamètres de distance du lieu de son domicile à celui de l'ouverture de la tutelle : passé ce délai il sera non-recevable.

108. Si ces excuses sont rejetées, il pourra se pourvoir devant le, tribunaux pour les faire admettre ; mais il sera, pendant le litige tenu d'administrer provisoirement.

§ VII. — *Incapacités, exclusions et destitutions de la tutelle.*

109. Ne peuvent être tuteurs, ni membres des conseils de famille, — 1° Les mineurs, excepté le père ou la mère ; — 2° Les interdits ; — 3° Les femmes, autres que la mère ou les ascendantes ; — 4° Tous ceux qui ont, ou dont les père ou mère ont avec le mineur un procès dans lequel l'état de ce mineur, sa fortune, ou une partie notable de ses biens, sont compromis.

110. La condamnation à une peine afflictive ou infamante emporte de plein droit l'exclusion de la tutelle. Elle emporte de même la destitution, dans le cas où il s'agirait d'une tutelle antérieurement déférée.

111. Sont aussi exclus de la tutelle, et même destituables, s'ils sont en exercice, — 1° Les gens d'une inconduite notoire ; — 2° Ceux dont la gestion attesterait l'incapacité ou l'infidélité.

112. Tout individu qui aura été exclu ou destitué d'une tutelle, ne pourra être membre d'un conseil de famille.

113. Toutes les fois qu'il y aura lieu à une destitution de tuteur, elle sera prononcée par le conseil de famille, convoqué à la diligence du subrogé tuteur, ou d'office par le juge de paix. — Celui-ci ne pourra se dispenser de faire cette convocation, quand elle sera formellement requise par un ou plusieurs parents ou alliés du mineur, au degré de cousin germain ou à des degrés plus proches.

114. Toute délibération du conseil de famille qui prononcera l'exclusion ou la destitution du tuteur, sera motivée, et ne pourra être prise qu'après avoir entendu ou appelé le tuteur.

115 Si le tuteur adhère à la délibération, il en sera fait mention, et le nouveau tuteur entrera aussitôt en fonctions. — S'il y a réclamation, le subrogé tuteur poursuivre l'homologation de la délibération devant le tribunal de première instance, qui prononcera seul l'appel. — Le tuteur exclu ou destitué peut lui-même, en ce cas, assigner le subrogé tuteur pour se faire déclarer maintenu dans la tutelle.

116. Les parents ou alliés qui auront requis la convocation pourront intervenir dans la cause, qui sera instruite et jugée comme affaire urgente.

117. Les dispositions contenues aux §§ VI-VII s'appliqueront au subrogé-tuteur.

§ VIII. — *De l'administration du Tuteur.*

118 Le tuteur prendra soin de la personne du mineur et le représentera dans tous les actes civils. Il administrera ses biens en bon père de famille, et répondra des dommages-intérêts qui pourraient résulter d'une mauvaise gestion. Il ne peut ni acheter les biens du mineur, ni les prendre à ferme, à moins que le conseil de famille n'ait autorisé le subrogé-tuteur à lui en passer bail ; ni accepter la cessation d'aucun droit ou créance contre son pupille.

119. Dans les dix jours qui suivront celui de sa nomination dûment connue de lui, le tuteur requerra la levée des scellés. s'ils ont été apposés, et fera procéder immédiatement à l'inventaire des biens du mineur en présence du subrogé-tuteur. S'il lui est dû quelque chose par le mineur ; il devra le déclarer dans l'inventaire, à

peine de déchéance, et ce, sur la réquisition que l'officier public sera tenu de lui en faire, et dont mention sera faite au procès-verbal.

120. Dans le mois qui suivra la clôture de l'inventaire, le tuteur fera vendre, en présence du subrogé-tuteur, aux enchères reçues par un officier public, et après des affiches ou publications dont le procès-verbal de vente fera mention, tous les meubles autres que ceux que le conseil de famille l'aura autorisé à conserver en nature.

121. Les père et mère, tant qu'ils ont la jouissance propre et légale des biens du mineur, sont dispensés de vendre les meubles, s'ils préfèrent de les garder pour les remettre en nature. Dans ce cas, ils en feront faire, à leur frais, une estimation à juste valeur, par un expert qui sera nommé par le subrogé-tuteur et prêtera serment devant le juge de paix. Ils rendront la valeur estimative de ceux des meubles qu'ils ne pourraient représenter en nature

122. Le tuteur, même le père ou la mère, ne peut emprunter pour le mineur, ni aliéner ou hypotéquer ses biens immeubles, sans y être autorisé par un conseil de famille. — Cette autorisation ne pourra être accordée que pour cause d'une nécessité absolue, ou d'un avantage évident, — Dans le premier cas le conseil de famille n'accordera son autorisation qu'après qu'il aura été constaté, par un compte sommaire présenté par le tuteur, que les deniers, effets mobiliers et revenus du mineur sont insuffisants. — Le conseil de famille indiquera, dans tous les cas, les immeubles qui devront être vendus de préférence, et toutes les conditions qu'il jugera utiles.

123. Les délibérations du conseil de famille relatives à cet objet, ne seront exécutés qu'après que le tuteur en aura demandé et obtenu l'homologation devant le tribunal de première instance, qui y statuera en la chambre du conseil, et après avoir entendu le Procureur de la République.

124. La vente se fera publiquement, en présence du subrogé-tuteur, aux enchères qui seront reçues par un membre du tribunal de première instance, ou par un notaire à ce commis, et à la suite de trois affiches apposées, par trois dimanches consécutifs, aux lieux accoutumés dans le canton, — Chacune de ces affiches sera visée et certifiée par le maire des communes où elles auront été apposées.

125. Le tuteur ne pourra accepter ni répudier une succession échue au mineur, sans une autorisation préalable du conseil de famille L'acceptation n'aura lieu que sous bénéfice d'inventaire.

126. La donation faite au mineur ne pourra être acceptée par le tuteur qu'avec l'autorisation du conseil de famille.

127. Aucun tuteur ne pourra introduire en justice une action relative aux droits immobiliers du mineur, ni acquiescer à une demande relative aux mêmes droits, sans l'autorisation du conseil de famille. La même autorisation sera nécessaire au tuteur pour provoquer un partage ; mais il pourra, sans cette autorisation, répondre à une demande en partage dirigée contre le mineur.

128. Le tuteur ne pourra transiger au nom du mineur, qu'après y avoir été autorisé par le conseil de famille, et de l'avis de trois jurisconsultes désignés par le procureur de la République près le tribunal de première instance La transaction ne sera valable qu'autant qu'elle aura été homologuée par le tribunal.

129. Le tuteur qui aura des sujets de mécontentements graves sur la conduite du mineur, pourra porter ses plaintes au conseil de

famille, et, s'il y est autorisé par ce conseil, provoquer la réclusion du mineur, conformément à ce qui a été dit ci-dessus, au titre de la puissance paternelle.

CHAPITRE IX

De l'aliénation des valeurs mobilières appartenant aux mineurs ou aux interdits. — Conversion de ces mêmes valeurs en titre au porteur. — Loi du 27 février 1880.

130. Le tuteur ne pourra aliéner, sans y être autorisé préalablement par le conseil de famille, les rentes, actions, parts d'intérêts, obligations et autres meubles incorporels quelconques appartenant au mineur ou à l'interdit.

131. L'aliénation sera opérée par le ministère d'un agent de change, toutes les fois que les valeurs seront négociables à la Bourse, au cours moyen du jour.

132. Le mineur émancipé au cours de la tutelle, même assisté de son curateur, devra observer, pour l'aliénation de ses meubles incorporels, les formes ci-dessus prescrites à l'égard du mineur non émancipé.

Cette disposition ne s'applique pas au mineur émancipé par le mariage.

133. Le tuteur, devra dans les trois mois qui suivront l'ouverture de la tutelle, convertir en titres nominatifs les titres au porteur appartenant au mineur ou à l'interdit, et dont le conseil de famille n'aurait pas jugé l'aliénation nécessaire ou utile.

Il devra également convertir en titres nominatifs les titres au porteurs qui adviendraient au mineur ou à l'interdit, de quelque manière que ce fût, et ce, dans le même délai de trois mois à partir de l'attribution définitive ou de la mise en possession des ces valeurs.

Le conseil de famille pourra fixer pour la conversion, un terme plus long.

Lorsque, soit par leur nature, soit à raison de conventions, les valeurs au porteur ne seront pas susceptibles d'être converties en titres nominatifs, le tuteur devra, dans les trois mois, obtenir du conseil de famille l'autorisation, soit de les aliéner avec emploi, soit de les conserver ; dans ce dernier cas, comme dans celui prévu par le paragraphe précédent, le conseil pourra prescrire le dépôt des titres au porteur, au nom du mineur ou de l'interdit, soit à la Caisse des Dépots et Consignations, soit entre les mains d'une personne ou d'une Société spécialement désignées.

Les délais ci-dessus ne seront applicables que sous la réserve des droits des tiers et des conventions préexistantes.

134. Le tuteur devra faire l'emploi des capitaux appartenant au mineur ou à l'interdit, ou qui leur adviendraient par succession ou autrement, et ce, dans le délai de trois mois, à moins que le conseil ne fixe un délai plus long, auquel cas il pourra en ordonner le dépôt, comme il est dit en l'article précédent.

Les tiers ne seront en aucuns cas garants de l'emploi.

135. Le subrogé-tuteur devra surveiller l'accomplissement des formalités prescrites par les articles précédents. Il devra, si le tuteur ne s'y conforme pas, provoquer la réunion du conseil de famille devant lequel le tuteur sera appelé à rendre compte de ses actes.

136. Les dispositions de la présente loi sont applicables aux valeurs mobilières appartenant aux mineurs et aliénés placés sous la tutelle, soit de l'administration de l'assistance publique, soit des administrations hospitalières.

Le conseil de surveillance de l'administration de l'assistance publique et les commissions administratives rempliront à cet effet les fonctions attribuées au conseil de famille. Les dispositions de la présente loi sont également applicables aux administrateurs provisoires des biens des aliénés, nommés en exécution de la loi du 30 juin 1838.

137 Les tuteurs entrés en fonctions et les mineurs émancipés antérieurement à la présente loi seront tenus de s'y conformer. Les délais courront pour eux à partir de la promulgation.

138. La conversion de tous titres nominatifs en titres au porteur est soumise aux mêmes conditions et formalités que l'aliénation de ces titres.

CHAPITRE X

Des comptes de la tutelle

139. Tout tuteur est comptable de sa gestion lorsqu'elle finit.

140. Tout tuteur, autre que le père et la mère, peut être tenu, même durant la tutelle, de remettre au subrogé tuteur des états de situation de sa gestion, aux époques que le conseil de famille aurait jugé à propos de fixer, sans néanmoins que le tuteur puisse être astreint à en fournir plus d'un chaque année. — Ces états de situation seront rédigés et remis sans frais, sur papier non timbré, et sans aucune formalité de justice.

141. Le compte définitif de tutelle sera rendu aux dépens du mineur, lorsqu'il aura atteint sa majorité ou obtenu son émancipation. Le tuteur en avancera les frais. — On y allouera au tuteur toutes dépenses suffisamment justifiées, et dont l'objet sera utile.

142. Tout traité qui pourra intervenir entre le tuteur et le mineur devenu majeur, sera nul, s'il n'a été précédé de la reddition d'un compte détaillé, et de la remise des pièces justificatives ; le tout constaté par un récépissé de l'ayant-compte, dix jours au moins avant le traité.

143. Toute action du mineur contre son tuteur, relativement aux faits de la tutelle, se prescrit par dix ans, à compter de la majorité.

CHAPITRE XI

De l'émancipation

144. L'émancipation est un acte par lequel le mineur acquiert le droit de gouverner sa personne et ses biens, en ce qui n'excède pas toutefois les actes de pure administration.

§ 1. — *Forme de l'émancipation*

145 En cas de mariage, le mineur se trouve émancipé de plein droit. Il n'y a aucune espèce de formalité à remplir. Elle s'opère par la seule déclaration du père ou de la mère, reçue par le juge de paix assisté de son greffier.

§ 2. — *Celui qui peut conférer l'émancipation*

146. Le père, ou à son défaut (c'est-à-dire en cas de décès), la mère du mineur, peut l'émanciper lorsqu'il a quinze ans révolus.

147. Lorsque le père et la mère sont morts, ou dans l'impossibilité de manifester une volonté, c'est au conseil de famille qu'il appartient de procéder à l'émancipation ; mais il faut que, dans ce cas le mineur ait dix-huit ans accomplis.

§ 3. — *Effet de l'émancipation*

148. Libre de sa personne, le mineur émancipé peut quitter la maison paternelle ou celle de son tuteur.

Mais s'il a moins de vingt ans, il a besoin, pour s'engager, du consentement de ses père, mère ou tuteur.

149. Après l'émancipation, le compte de tutelle est rendu, s'il y a lieu, au mineur, assisté de son curateur.

150. Le mineur a le droit de toucher ses revenus et d'en disposer, ainsi que de ses meubles, de passer des baux dont la durée n'excède pas neuf ans, et d'administrer comme s'il était majeur.

Il ne peut, sans l'assistance de son curateur, recevoir un capital mobilier ni le placer, former ou soutenir une action immobilière, ni emprunter sans une délibération du conseil de famille, homologuée par le tribunal.

A l'égard des obligations qu'il aurait contractées par voie d'achat ou autrement, elles sont réductibles de la part des tribunaux, lorsqu'il y a excès.

Un des effets de l'émancipation est de faire cesser l'usufruit légal.

CHAPITRE XII

De l'enlèvement de mineurs

151. Quiconque aura, par fraude ou violence, enlevé ou fait enlever des mineurs, ou les aura entraînés, détournés ou déplacés, ou les aura fait entraîner, détourner ou déplacer des lieux où ils étaient mis par ceux à l'autorité ou à la direction desquels ils étaient soumis ou confiés, subira la peine de la réclusion.

152. Si la personne ainsi enlevée ou détournée est une fille au-dessous de seize ans accomplis, la peine sera celle des travaux forcés à temps.

153. Quand la fille au-dessous de seize ans aurait consenti à son enlèvement ou suivi volontairement le ravisseur, si celui-ci était majeur de vingt et un ans ou au-dessus, il sera condamné aux travaux forcés à temps. — Si le ravisseur n'avait pas encore vingt et un ans, il sera puni d'un emprisonnement de deux à cinq ans.

154. Dans le cas où le ravisseur aurait épousé la fille qu'il a enlevée, il ne pourra être poursuivi que sur la plainte des personnes qui d'après le code civil, ont le droit de demander la nullité du mariage (Code pénal).

CHAPITRE XIII

De la majorité

155. La majorité est fixée à vingt et un ans accomplis ; à cet âge on est capable de tous les actes de la vie civile, sauf la restriction portée au titre *du Mariage*.

CHAPITRE XIV

De l'interdiction

156. Le majeur qui est dans un état habituel d'imbécillité, de démence ou de fureur, doit être interdit, même lorsque cet état présente des intervalles lucides.

157. Tout parent est recevable à provoquer l'interdiction de son parent. Il en est de même de l'un des époux à l'égard de l'autre.

158. Dans le cas de fureur, si l'interdiction n'est provoquée ni par l'époux ni par les parents, elle doit l'être par le procureur de la République, qui, dans les cas d'imbécillité ou de démence, peut aussi la provoquer contre un individu qui n'a ni époux, ni épouse, ni parents connus.

159. Toute demande en interdiction sera portée devant le tribunal de première instance.

TITRE DEUXIÈME

CHAPITRE Ier

DU MARIAGE

160. L'homme, avant dix-huit ans révolus, et la femme, avant quinze ans révolus, ne peuvent contracter mariage.

§ 1. — *Dispense d'âge*

161. Il est loisible au Président de la République d'accorder des dispenses d'âge pour le mariage, pour des motifs graves.

§ 2. *Prohibition du mariage*

162 Le mariage est prohibé, en ligne directe, entre tous les ascendants et descendants légitimes ou naturels, et les alliés au même degré et en ligne collatérale, entre le frère et la sœur légitime, naturels, ou alliés au même degré.

163. Le mariage est encore prohibé entre l'oncle et la nièce, la tante et le neveu.

164. Le Président de la République peut lever, pour des causes graves, les prohibitions aux mariages entre beaux-frères et belles-sœurs, et aux mariages entre l'oncle et la nièce, la tante et le neveu.

165. Le mariage est encore prohibé : entre l'adoptant, l'adopté et ses descendants ; entre les enfants adoptifs du même individu ; entre l'adopté et les enfants qui pourraient survenir à l'adoptant ; entre l'adopté et le conjoint de l'adoptant.

§ 3. — *Qualités et conditions requises pour pouvoir contracter mariage*

166. Il n'y a pas de mariage lorsqu'il n'y a point de consentement. Le consentement des père et mère, ou aïeuls et aïeules, ou, à leur défaut, celui de la famille, peut être donné devant l'officier de l'état civil au moment de la célébration du mariage, ou par acte donné devant notaire. L'acte sous seing privé n'est pas valable.

167. On ne peut contracter un second mariage avant la dissolution du premier.

168. Le fils qui n'a pas atteint l'âge de vingt-cinq ans accomplis, la fille qui n'a pas atteint l'âge de vingt et un ans accomplis, ne peuvent contracter mariage sans le consentement de leurs pères et mères ; en cas de dissentiment, le consentement du père suffit.

169. Si l'un des deux est mort, ou s'il est dans l'impossibilité de manifester sa volonté, le consentement de l'autre suffit.

170. Si le père et la mère sont morts, ou s'ils sont dans l'impossibilité de manifester leur volonté, les aïeuls et aïeules remplacent : s'il y a dissentiment entre l'aïeul et l'aïeule de la même ligne, il suffit du consentemement de l'aïeul. — S'il y a dissentiment entre ces deux lignes, ce partage emportera consentement.

171. Les enfants de famille, ayant atteint la majorité fixée par le n° 168, sont tenus, avant de contracter mariage, de demander, par un acte respectueux et formel, le conseil de leur père et de leur mère ; ou celui de leurs aïeuls et aïeules lorsque leur père et leur mère sont décédés, ou dans l'impossibilité de manifester leur volonté.

172. Depuis la majorité fixée par le n° 168, jusqu'à l'âge de trente ans accomplis pour les fils, et jusqu'à l'âge de vingt-cinq ans accomplis pour les filles, l'acte respectueux prescrit par l'article précédent, et sur lequel il n'y aurait pas de consentement au mariage, sera renouvelé deux autres fois, de mois en mois ; et un mois après le troisième acte, il pourra être passé outre à la célébration du mariage.

173. Après l'âge de trente ans, il pourra être, à défaut de consentement sur un acte respectueux, passé outre, un mois après, à la célébration du mariage.

174. L'acte respectueux sera notifié à celui ou ceux des ascendants désignés au n° 171, par deux notaires, ou par un notaire et deux témoins ; et, dans le procès-verbal qui doit en être adressé, il sera fait mention de la réponse.

175. En cas d'absence de l'ascendant auquel eût dû être fait l'acte respectueux, il sera passé outre à la célébration du mariage, en représentant le jugement qui aurait été rendu pour déclarer l'absence, ou, à défaut de ce jugement, celui qui aurait ordonné l'enquête, ou, s'il n'y a point encore eu de jugement, un acte de notoriété délivré par le juge de paix du lieu où l'ascendant a eu son domicile connu. Cet acte contiendra la déclaration de quatre témoins appelés d'office par ce juge de paix.

176. Les dispositions contenues aux n°s 168, 169, 171, 172, 173, 174 et 175, relatives à l'acte respectueux qui doit être fait aux père et mère, dans le cas prévu par ces articles, sont applicables aux enfants naturels légalement reconnus.

177. L'enfant naturel qui n'a point été reconnu, et celui qui, après l'avoir été, a perdu ses père et mère, ou dont les père et mère, ne peuvent manifester leur volonté, ne pourra, avant l'âge de vingt-et-un ans révolus, se marier qu'après avoir obtenu le consentement d'un tuteur *ad hoc* qui lui sera nommé.

178. S'il n'y a ni père ni mère, ni aïeuls ni aïeules, ou s'ils se se trouvent tous dans l'impossibilité de manifester leur volonté, les fils ou filles mineurs de vingt-et-un ans ne peuvent contracter mariage sans le consentement du conseil de famille.

§ 4. — *Des formalités relatives à la célébration du mariage*

179. Le mariage sera célébré publiquement devant l'officier civil du domicile de l'une des parties; avant la célébration du mariage, l'officier de l'état-civil fera deux publications, à huit jours d'intervalle, un jour de dimanche, devant la porte de la maison commune; un extrait de cet acte de publication sera et restera affiché à la porte de la maison commune, pendant les huit jours d'intervalle de l'une à l'autre publication. Le mariage ne pourra être célébré avant le troisième jour, depuis et non compris celui de la seconde publication. Ainsi, le mariage dont la deuxième publication aura été faite le dimanche 1er janvier, ne pourrait être contracté que le mercredi 4, c'est-à-dire le onzième jour à partir de la première publication.

180. Si le mariage n'a pas été célébré dans l'année, à compter de l'expiration du délai des publications, il ne pourra plus être célébré qu'après que les nouvelles publications auront été faites dans la forme ci-dessus prescrite.

181. Si les parties contractantes, ou l'une d'elles, sont, relativement au mariage, sous la puissance d'autrui, les publications seront encore faites à la municipalité du domicile de ceux sous la puissance desquels elles se trouvent.

182. Les fils, jusqu'à l'âge de vingt-cinq ans, les filles, jusqu'à celui de vingt-un ans, sont, relativement au mariage, sous la puissance de leurs ascendants ; il faut donc que les publications soient faites au domicile de ces derniers, intéressées surtout à connaître les projets de mariage, pour s'y opposer s'ils le jugent à propos. Après cet âge, il paraît que les publications ne doivent pas être faites au domicile des ascendants, car les enfants n'ayant plus besoin de leur consentement, mais seulement de requérir leur conseil pour se marier, ne sont pas véritablement sous leur puissance.

183. L'officier de l'état civil se fera remettre l'acte de naissance de chacun des futurs époux. Celui des époux qui serait dans l'impossibilité de se le procurer, pourra le suppléer, en rapportant un acte de notoriété délivré par le juge de paix du lieu de sa naissance, ou par celui de son domicile.

§ 5. — *Des oppositions au mariage*

184. Le droit de former opposition au mariage appartient à la personne engagée par mariage avec l'une des deux parties contractantes. Le père et à défaut du père, la mère, et à défaut des père et mère, les aïeuls et aïeules, peuvent former opposition au mariage de leurs enfants et descendants, encore que ceux-ci aient vingt-cinq ans accomplis A défaut d'aucun ascendant, le frère ou la sœur, l'oncle ou la tante, le cousin ou la cousine germains, majeurs, ne peuvent former aucune opposition que dans les deux cas suivants : 1° lorsque le consentement du conseil de famille, requis par la loi, n'a pas été obtenu ; 2° lorsque l'opposition est fondée sur l'état de démence du futur époux ; cette opposition, dont le tribunal pourra donner mainlevée pure et simple, ne sera jamais reçue qu'à la charge, par

l'opposant de provoquer l'interdiction, et d'y faire statuer dans le délai qui sera fixé par le jugement.

§ 6. — *Des demandes en nullité de mariage*

185. On nomme empêchement au mariage, la défense de contracter mariage, faite par la loi, à ceux qui ne réunissent pas toutes les qualités ou qui n'accomplissent pas toutes les conditions prescrites.

186. Le mariage qui a été contracté sans le consentement libre des deux époux ou de l'un d'eux, ne peut être attaqué que par les époux, ou par celui des deux dont le consentement n'a pas été libre. Lorsqu'il y a eu erreur dans la personne, le mariage ne peut être attaqué que par celui des deux époux qui a été induit en erreur ; la demande en nullité n'est plus recevable, toutes les fois qu'il y a eu cohabition continue pendant six mois, depuis que l'époux a acquis sa pleine liberté, ou que l'erreur a été par lui reconnue.

187. Le mariage contracté sans le consentement des père et mère, des ascendants, ou du conseil de famille, dans les cas où le consentement est nécessaire, ne peut être attaqué que par ceux dont le consentement était requis, ou par celui des deux époux qui avait besoin de ce consentement.

188. Tout mariage qui n'a point été contracté publiquement, et qui n'a point été célébré devant l'officier public compétent, peut être attaqué par les époux eux-mêmes, par les père et mère, par les ascendants, et par tous ceux qui y ont intérêt né et actuel, ainsi que par le ministère public.

189. Nul ne peut réclamer le titre d'époux et les effets civils du mariage, s'il ne représente un acte de célébration inscrit sur un registre de l'état civil : sauf les cas prévus par l'article 46 du code civil.

190. Lorsque la preuve d'une célébration légale du mariage se trouve acquise par le résultat d'une procédure criminelle, l'inscription du jugement sur les registres de l'état civil assure au mariage, à compter du jour de sa célébration, tous les effets civils, tant à l'égard des époux, qu'à l'égard des enfants issus de ce mariage.

191. Si les époux ou l'un d'eux sont décédés sans avoir découvert la fraude, l'action criminelle peut être intentée par tous ceux qui ont intérêt de faire déclarer le mariage valable, et par le procureur de la République

192. Le mariage qui a été déclaré nul, produit néanmoins les effets civils, tant à l'égard des époux qu'à l'égard des enfants, lorsqu'il a été contracté de bonne foi.

Si la bonne foi n'existe que de la part de l'un des deux époux, le mariage ne produit les effets civils qu'en faveur de cet époux et des enfants issus de ce mariage.

CHAPITRE II

Des obligations qui naissent du mariage

193. Les époux contractent ensemble, par le fait seul du mariage, l'obligation de nourrir, entretenir et élever leurs enfants.

194. L'enfant n'a pas d'action contre les père et mère pour un établissement par mariage ou autrement.

195. Les enfants doivent des aliments à leur père et mère et autres ascendants qui sont dans le besoin.

196. Les gendres et belles-filles doivent également, et dans les mêmes circonstances, des aliments à leur beau-père et belle-mère.

197. Les obligations résultant de ces dispositions sont réciproques.

198. Les aliments ne sont accordés que dans la proportion du besoin de celui qui les réclame, et de la fortune de celui qui les doit.

199. L'obligation de fournir des aliments cesse :

1° Lorsque les besoins cessent ou diminuent. Celui qui fournit des aliments peut en demander la décharge ou la réduction.

2° Lorsque celui qui réclame des aliments peut s'en procurer par son industrie et son travail.

3° Lorsque la belle-mère a convolé en secondes noces.

4° Lorsque celui des époux qui produisait l'affinité, et les enfants issus de son mariage avec l'autre époux, sont décédés.

5° Lorsque celui qui fournit ou qui reçoit des aliments est replacé dans un tel état que l'un ne puisse plus en donner, ou que l'autre n'en ait pas besoin, en tout ou en partie ; la décharge ou réduction peut en être demandée lors même que le débiteur a été condamné à payer annuellement les aliments, et jusqu'au décès de celui à qui ils ont été adjugés.

6° Par la justification que la personne ne peut payer la pension alimentaire : alors il peut être ordonné qu'elle recevra dans sa demeure, nourrira, entretiendra celui qui réclame des aliments.

Le mode de prestation et la quotité des aliments sont laissés à la prudence des juges.

§ 1er. — *Des droits et des devoirs respectifs des époux*

200. Les époux se doivent mutuellement fidélité, secours, assistance.

201. Le mari doit protection à sa femme, la femme obéissance à son mari.

202. La femme est obligée d'habiter avec le mari, et de le suivre partout où il juge à propos de résider : le mari est obligé de la recevoir, et de lui fournir tout ce qui est nécessaire pour les besoins de la vie, selon ses facultés et son état.

203. La femme ne peut ester en jugement sans l'autorisation de son mari, quand même elle serait marchande publique, ou non commune, ou séparée de biens.

204. L'autorisation du mari n'est pas nécessaire lorsque la femme est poursuivie en matière criminelle ou de police.

205. La femme, même non commune, ou séparée de biens, ne peut donner, aliéner, hypothéquer, acquérir à titre gratuit ou onéreux, sans le concours du mari dans l'acte, ou son consentement par écrit.

206. Si le mari refuse d'autoriser sa femme à ester en jugement, le juge peut donner l'autorisation.

207. Si le mari refuse d'autoriser sa femme à passer un acte, la femme peut faire citer son mari directement devant le tribunal de première instance de l'arrondissement du domicile commun, qui peut donner ou refuser son autorisation, après que le mari aura été entendu ou dûment appelé en la chambre du conseil.

208. La femme, si elle est marchande publique, peut, sans l'autorisation de son mari, s'obliger pour ce qui concerne son négoce ; et, audit cas, elle oblige aussi son mari, s'il y a communauté entre eux. — Elle n'est pas réputée marchande publique, si elle ne fait que détailler les marchandises du commerce de son mari, mais seulement quand elle fait un commerce séparé.

209. Lorsque le mari est frappé d'une condamnation emportant peine afflictive ou infamante, encore qu'elle n'ait été prononcée que par contumace, la femme, même majeure, ne peut, pendant la durée de la peine, ester en jugement, ni contracter, qu'après s'être fait autoriser par le juge, qui peut, en ce cas, donner l'autorisation, sans que le mari ait été entendu ou appelé.

210. Si le mari est interdit ou absent, le juge peut, en connaissance de cause, autoriser la femme, soit pour ester en jugement, soit pour contracter.

211. Si le mari est mineur, l'autorisation du juge est nécessaire à la femme, soit pour ester en jugement, soit pour contracter.

212. La nullité fondée sur le défaut d'autorisation ne peut être opposée que par la femme, par le mari ou par leurs héritiers.

213. La femme peut tester sans l'autorisation de son mari.

CHAPITRE III

Du contrat de mariage et des droits respectifs des époux

214. Le mariage et le contrat de mariage sont deux contrats distincts qu'il ne faut pas confondre.

215. Le mariage est le contrat qui se fait devant l'officier de l'état civil entre deux personnes de sexe différent, qui acceptent les droits et les devoirs que la loi établit entre mari et femme.

216. Le contrat de mariage est la convention reçue par un notaire, dans la forme ordinaire des actes notariés et par laquelle les futurs époux règlementent leurs intérêts pécuniaires.

217. Le premier est le contrat principal, le second le contrat accessoire. La nullité ou la cessation du mariage, sera, par conséquent, une cause de nullité ou de cessation du contrat de mariage.

218. Comme le principal peut exister sans l'accessoire, la nullité du contrat de mariage n'empêche pas le mariage de valoir. De même le contrat de mariage peut cesser quoique le mariage dure encore ; c'est ce qui arrive en cas de séparation de corps ou de biens.

§ 1. — *Dispositions générales*

219. La loi ne régit l'association conjugale, quant aux biens, qu'à défaut de conventions spéciales, que les époux peuvent faire comme ils le jugent à propos, pourvu qu'elles ne soient pas contraires aux bonnes mœurs, et, en outre, sous les modifications qui suivent.

220. Les époux ne peuvent déroger ni aux droits résultant de la puissance maritale sur la personne de la femme et des enfants, ou qui appartiennent au mari comme chef, ni aux droits conférés au

survivant des époux par le titre *de la Puissance paternelle* et par le titre *de la Minorité, de la Tutelle et de l'Emancipation*, ni aux dispositions prohibitives.

221. Ils ne peuvent faire aucune convention ou renonciation dont l'objet serait de changer l'ordre légal des successions, soit par rapport à eux-mêmes dans la succession de leurs enfants ou descendants, soit par rapport à leurs enfants entre eux; sans préjudice des donations entre-vifs ou testamentaires qui pourront avoir lieu selon les formes et dans les cas déterminés par la loi.

222. Ils peuvent cependant déclarer, d'une manière générale, qu'ils entendent se marier ou sous le régime de la communauté, ou sous le régime dotal. — Au premier cas, et sous le régime de la communauté, les droits des époux et de leurs héritiers seront réglés par les dispositions du chapitre IV du présent titre. — Au deuxième cas, et sous le régime dotal, leurs droits seront réglés par les dispositions du chapitre V.

223. La simple stipulation que la femme se constitue ou qu'il lui est constitué des biens en dot, ne suffit pas pour soumettre ces biens au régime dotal, s'il n'y a dans le contrat de mariage une déclaration expresse à cet égard. — La soumission du régime dotal ne résulte pas non plus de la simple déclaration faite par les époux, qu'ils se marient sans communauté, ou qu'ils seront séparés de biens.

224. A défaut de stipulations spéciales qui dérogent au régime de la communauté ou le modifient, les règles établies dans la première partie du chapitre IV formeront le droit commun de la France.

225. Toutes conventions matrimoniales seront rédigées, avant le mariage, par acte devant notaire.

226. Elles ne peuvent recevoir aucun changement après la célébration du mariage.

227. — Les changements qui y seraient faits avant cette célébration, doivent être constatés par acte passé dans la même forme que le contract de mariage — Nul changement ou contre-lettre n'est, au surplus, valable sans la présence et le consentement simultané de toutes les personnes qui ont été parties dans le contrat de mariage

228. Le mineur habile à contracter mariage, c'est-à-dire ayant atteint l'âge de dix-huit ans révolus, si c'est un homme, et celui de quinze ans, si c'est une femme, est apte à consentir toutes les conventions dont ce contrat est susceptible; et les conventions et donations qu'il y a faites sont valables, pourvu qu'il ait été assisté, dans le contrat, des personnes dont le consentement est nécessaire pour la validité du mariage, c'est-à-dire du père et de la mère; à leur défaut, des autres ascendants; à défaut d'ascendants, du conseil de famille. — Si le père est mort, et que la mère survivante ait refusé d'être tutrice, ou bien que la tutelle lui ait été retirée, c'est elle, néanmoins qui doit consentir aux conventions matrimoniales, comme au mariage même.

CHAPITRE IV

Du régime de la communauté

229. La communauté soit légale, soit conventionnelle commence du jour du mariage contracté devant l'officier de l'état civil : on ne peut stipuler qu'elle commencera à une autre époque.

§ 1. — *De la communauté légale*

230. La communauté qui s'établit par la simple déclaration qu'on se marie sous le régime de la communauté, ou à défaut de contrat, est soumise aux règles expliquées dans les §§ qui suivent.

§ 2. — *De l'actif de la communauté*

231. La communauté se compose activement, 1° De tout le mobilier que les époux possédaient au jour de la célébration du mariage, ensemble de tout le mobilier qui leur échoit pendant le mariage à titre de succession ou même de donation, si le donateur n'a exprimé le contraire. 2° De tous les fruits, revenus, intérêts et arrérages, de quelque nature qu'ils soient, échus ou perçus pendant le mariage, et provenant des biens qui appartenaient aux époux lors de sa célébration, ou de ceux qui leur sont échus pendant le mariage à quelque titre que ce soit. 3° De tous les immeubles qui sont acquis pendant le mariage.

232. Les immeubles échus pendant le mariage à titre de succession, n'entrent point en communauté.

§ 3. — *Du passif de la communauté*

233. Il se compose : 1° De toutes les dettes mobilières dont les époux étaient grevés au jour de la célébration de leur mariage, ou dont se trouvent chargées les successions qui leur échoient durant le mariage, sauf récompense pour celles relatives aux immeubles propres à l'un ou à l'autre des époux ; — 2° Des dettes, tant en capitaux qu'arrérages ou intérêts, contractées par le mari pendant la communauté, ou par la femme, du consentement du mari, sauf la récompense, dans le cas où elle a lieu ; — 3° Des arrérages et intérêts seulement des rentes ou dettes passives, qui sont personnels aux deux époux ; — 4° Des réparations usufructuaire des immeubles qui n'entrent point en communautés ; — 5° Des aliments des époux, de l'éducation et entretien des enfants, et de toute autre charge du mariage.

234. La communauté n'est tenue des dettes mobilières contractées avant le mariage, par la femme, qu'autant qu'elles résultent d'un acte authentique antérieur au mariage ou ayant reçu, avant la même époque, une date certaine, soit par l'enregistrement, soit par le décès d'un ou de plusieurs signataires dudit acte. Le mari qui prétendrait avoir payé pour sa femme une dette de cette nature,

sans date certaine, ne pourrait en demander récompense ni à elle, ni à ses héritiers.

235. Les dettes dépendant de donation, ou résultant de successions purement mobilières échues aux époux pendant le mariage, sont, pour le tout, à la charge de la communauté.

236. Les dettes d'une succession immobilière qui échoit à l'un des époux pendant le mariage, ne sont point à la charge de la communauté. Lorsque la succession échue à l'un des époux est en partie mobilière et en partie immobilière, les dettes dont elle est grevée ne sont à la charge de la communauté que jusqu'à concurrence de la portion contributoire du mobilier dans les dettes, eu égard à la valeur de ce mobilier comparée à celle des immeubles. Cette portion contributoire se règle d'après l'inventaire auquel le mari doit faire procéder, soit de son chef, si la succession le concerne personnellement, soit comme dirigeant et autorisant les actions de sa femme, s'il s'agit d'une succession à elle échue.

237. A défaut d'inventaire, et dans tous les cas où ce défaut préjudicie à la femme, elle ou ses héritiers peuvent lors de la dissolution de la communauté, poursuivre les récompenses de droit, et même faire preuve, tant par titres et papiers domestiques que par témoins, et au besoin par la commune renommée, de la consistance et valeur du mobilier non inventorié. — Le mari n'est jamais recevable à faire cette preuve.

§ 4. — *De l'administration de la communauté et de l'effet des actes de l'un ou de l'autre époux*

238. Le mari administre seul les biens de la communauté; il peut les vendre, aliéner et hypothéquer sans le concours de la femme. Celle ci, au contraire, ne peut en disposer.

239. Les amendes encourues par le mari pour crime n'emportant pas mort civile, peuvent se poursuivre sur les biens de la communauté, sauf la récompense due à la femme; celles encourues par la femme ne peuvent s'exécuter que sur la nue propriété de ses biens personnels, tant que dure la communauté.

240. Les condamnations prononcées contre l'un des deux époux pour crime emportant mort civile, ne frappent que sa part de la communauté et ses biens personnels.

241. Les actes faits par la femme sans le consentement du mari, et même avec l'autorisation de la justice, n'engagent point les biens de la communauté, si ce n'est lorsqu'elle contracte comme marchande publique et pour le fait de son commerce.

242. La femme ne peut s'obliger ni engager les biens de la communauté, même pour tirer son mari de prison, ou pour l'établissement de ses enfants en cas d'absence du mari, qu'après y avoir été autorisée par justice.

243. Le mari a l'administration de tous les biens personnels de la femme. — Il peut exercer seul toutes les actions mobilières et possessoires qui appartiennent à la femme. — Il ne peut aliéner les immeubles personnels de sa femme sans son consentement. — Il est responsable de tout dépérissement des biens personnels de sa femme, causé par défaut d'actes conservatoires.

244. Les baux que le mari seul a faits des biens de sa femme

pour un temps qui excède neuf ans, ne sont, en cas de dissolution de la communauté, obligatoires vis-à-vis de la femme ou de ses héritiers que pour le temps qui reste à courir soit de la première période de neuf ans, si les parties s'y trouvent encore, soit de la seconde et ainsi de suite, de manière que le fermier n'ait que le droit d'achever la jouissance de la période de neuf ans où il se trouve.

245. Les baux de neuf ans ou au-dessous que le mari seul a passés ou renouvelés des biens de sa femme, plus de trois ans avant l'expiration du bail courant s'il s'agit de biens ruraux, et plus de deux ans avant la même époque s'il s'agit de maisons sont sans effet, à moins que leur exécution n'ait commencé avant la dissolution de la communauté.

246. La femme qui s'oblige solidairement avec son mari pour les affaires de la communauté ou du mari, n'est réputée à l'égard de celui-ci, s'être obligée que comme caution; elle doit être indemnisée de l'obligation qu'elle a contractée.

§ 5. — *De la dissolution de la communauté*

247. La communauté se dissout : 1° Par la mort naturelle; 2° Par le divorce; 3° Par la séparation de corps. 4° Par la séparation de biens.

248. Le défaut d'inventaire après la mort naturelle de l'un des époux, ne donne pas lieu à la continuation de la communauté; sauf les poursuites des parties intéressées, relativement à la consistance des biens et effets communs, dont la preuve pourra être faite tant par titres que par la commune renommée. — S'il y a des enfants mineurs, le défaut d'inventaire fait perdre en outre à l'époux survivant la jouissance de leurs revenus; et le subrogé tuteur qui ne l'a point obligé à faire inventaire, est solidairement tenu avec lui de toutes les condamnations qui peuvent être prononcées au profit des mineurs.

249. La séparation de biens ne peut être poursuivie qu'en justice par la femme dont la dot est mise en péril, et lorsque le désordre des affaires du mari donne lieu de craindre que les biens de celui-ci ne soient point suffisants pour remplir les droits et reprises de la femme. — Toute séparation volontaire est nulle.

250. La femme qui a obtenu la séparation de biens, doit contribuer, proportionnellement à ses facultés et à celles du mari, tant aux frais du ménage qu'à ceux d'éducation des enfants communs.

Elle doit supporter entièrement ces frais, s'il ne reste rien au mari.

251. La femme séparée soit de corps et de biens, soit de biens seulement, en reprend la libre administration.

Elle peut disposer de son mobilier, et l'aliéner.

Elle ne peut aliéner ses immeubles sans le consentement du mari, ou sans être autorisée en justice à son refus.

252 La communauté dissoute par la séparation soit de corps et de biens, soit de biens seulement, peut être rétablie du consentement des deux parties.

Elle ne peut l'être que par un acte passé devant notaires et avec minute.

En ce cas, la communauté rétablie reprend son effet du jour du mariage ; les choses sont remises au même état que s'il n'y avait point eu de séparation, sans préjudice néanmoins de l'exécution des actes qui, dans cet intervalle, ont pu être faits par la femme en conformité du n° 251.

Toute convention par laquelle les époux rétabliraient leur communauté sous des conditions différentes de celles qui la réglaient antérieurement, est nulle.

§ 6. — *De l'acceptation de la communauté, et de la renonciation qui peut y être faite.*

253. Après la dissolution de la communauté, la femme ou ses héritiers et ayant cause ont la faculté de l'accepter ou d'y renoncer : toute convention contraire est nulle.

254. La femme qui s'est immiscée dans les biens de la communauté, ne peut y renoncer. — Les actes purement administratifs ou conservatoires n'emportent point immixtion.

255. La femme majeure qui a pris dans un acte la qualité de commune, ne peut plus y renoncer, ni se faire restituer contre cette qualité, quand même elle l'aurait prise avant d'avoir fait inventaire, s'il n'y a eu dol de la part des héritiers du mari.

256 La femme survivante qui veut conserver la faculté de renoncer à la communauté, doit, dans les trois mois du jour du décès du mari, faire faire un inventaire fidèle et exact de tous les biens de la communauté, contradictoirement avec les héritiers du mari, ou eux dûment appelés. — Cet inventaire doit être par elle affirmé sincère et véritable, lors de sa clôture, devant l'officier public qui l'a reçu.

257. Dans les trois mois et quarante jours après le décès du mari, elle doit faire sa renonciation, au greffe du tribunal de première instance dans l'arrondissement duquel le mari avait son domicile.

258. La veuve qui n'a point fait sa renonciation dans le délai ci-dessus prescrit, n'est pas déchue de la faculté de renoncer si elle ne s'est point immiscée et qu'elle ait fait inventaire ; elle peut seulement être poursuivie comme commune jusqu'à ce qu'elle ait renoncé, et elle doit les frais faits contre elle jusqu'à sa renonciation.

Elle peut également être poursuivie après l'expiration des quarante jours depuis la clôture de l'inventaire, s'il a été clos avant les trois mois.

259. La veuve qui a diverti ou recélé quelques effets de la communauté, est déclarée commune, nonobstant sa renonciation ; il en est de même à l'égard de ses héritiers.

260. Si la veuve meurt avant l'expiration des trois mois sans avoir fait ou terminé l'inventaire, les héritiers auront, pour faire ou pour terminer l'inventaire, un nouveau délai de trois mois, à compter du décès de la veuve, et de quarante jours pour délibérer, après la clôture de l'inventaire.

Si la veuve meurt ayant terminé l'inventaire, ses héritiers auront, pour délibérer, un nouveau délai de quarante jours à compter de son décès.

Ils peuvent, au surplus, renoncer à la communauté dans les formes établies ci-dessus.

261. — La femme divorcée ou séparée de corps, qui n'a point, dans les trois mois et quarante jours après le divorce ou la séparation définitivement prononcés, accepté la communauté, est censée y avoir renoncé, à moins qu'étant encore dans le délai, elle n'en ait obtenu la prorogation en justice, contradictoirement avec le mari, ou lui dûment appelé.

262. La veuve, soit qu'elle accepte, soit qu'elle renonce, a droit, pendant les trois mois et quarante jours qui lui sont accordés pour faire inventaire et délibérer, de prendre sa nourriture et celle de ses domestiques sur les provisions existantes, et, à défaut, par emprunt au compte de la masse commune, à la charge d'en user modérément.

Elle ne doit aucun loyer à raison de l'habitation qu'elle a pu faire, pendant ces délais, dans une maison dépendante de la communauté, ou appartenant aux héritiers du mari ; et si la maison qu'habitaient les époux à l'époque de la dissolution de la communauté, était tenue par eux à titre de loyer, la femme ne contribuera point, pendant les mêmes délais, au paiement dudit loyer, lequel sera pris sur la masse.

263. Dans le cas de dissolution de la communauté par la mort de la femme, ses héritiers peuvent renoncer à la communauté dans les délais et dans les formes que la loi prescrit à la femme survivante.

§ 7. — *Du partage de la communauté après l'acceptation*

264. Après l'acceptation de la communauté par la femme ou ses héritiers, l'actif se partage, et le passif est supporté de la manière ci-après déterminée.

§ 8. — *Du partage de l'actif*

265. — Les époux ou leurs héritiers rapportent à la masse des biens existants, tout ce dont ils sont débiteurs envers la communauté à titre de récompense ou d'indemnité, d'après les règles ci-dessus prescrites.

266. Chaque époux ou son héritier rapporte également les sommes qui ont été tirées de la communauté, ou la valeur des biens que l'époux y a pris pour doter un enfant d'un autre lit, ou pour doter personnellement l'enfant commun.

267. Sur la masse des biens, chaque époux ou son héritier prélève ; — 1° Ses biens personnels qui ne sont point entrés en communauté, s'ils existent en nature, ou ceux qui ont été acquis en remploi ; — 2° Le prix de ses immeubles qui ont été aliénés pendant la communauté, et dont il n'a point été fait remploi ; — 3° Les indemnités qui lui sont dues par la communauté.

268. Les prélèvements de la femme s'exercent avant ceux du mari. — Ils s'exercent pour les biens qui n'existent plus en nature, d'abord sur l'argent comptant, ensuite sur le mobilier, et subsidiairement sur les immeubles de la communauté : dans ce dernier cas, le choix des immeubles est déféré à la femme et à ses héritiers.

269. Le mari ne peut exercer ses reprises que sur les biens de la

communauté. La femme et ses héritiers, en cas d'insuffisance de la communauté, exercent leurs reprises sur les biens personnels du mari.

270. Après que tous les prélèvements des deux époux ont été exécutés sur la masse, le surplus se partage par moitié entre les époux ou ceux qui les représentent.

271. Celui des époux qui aurait diverti ou récélé quelques effets de la communauté, est privé de sa portion dans lesdits effets.

272. Après le partage consommé, si l'un des deux époux est créancier personnel de l'autre, comme lorsque le prix de son bien a été employé à payer une dette personnelle de l'autre époux, ou pour toute autre cause, il exerce sa créance sur la part qui est échue à celui-ci dans la communauté ou sur ses biens personnels.

273. Le deuil de la femme est aux frais des héritiers du mari prédécédé.

La valeur de ce deuil est réglée selon la fortune du mari

Il est dû même à la femme qui renonce à la communauté.

§ 9. — *Du Passif de la Communauté, et de la Contribution aux Dettes.*

274. Les dettes de la communauté sont pour moitié à la charge de chacun des époux ou de leurs héritiers : les frais de scellé, inventaire, vente de mobilier, liquidation, licitation et partage, font partie de ces dettes.

275. La femme n'est tenue des dettes de la communauté, soit à l'égard des créanciers, que jusqu'à concurrence de son émolument, pourvu qu'il y ait eu bon et fidèle inventaire, et en rendant compte tant du contenu de cet inventaire que de ce qui lui est échu par le partage.

276. Le mari est tenu, pour la totalité des dettes de la communauté par lui contractées ; sauf son recours contre la femme ou ses héritiers pour la moitié desdites dettes.

277 Il n'est tenu que pour moitié, de celles personnelles à la femme, et qui étaient tombées à la charge de la communauté.

§ 10. — *De la Renonciation à la Communauté, et de ses effets*

278. La femme qui renonce, perd toute espèce de droit sur les biens de la communauté, et même sur le mobilier qui y est entré de son chef.

Elle retire seulement les linges et hardes à son usage.

279. La femme renonçante a le droit de reprendre :

1° Les immeubles à elle appartenant, lorsqu'ils existent en nature, ou l'immeuble qui a été acquis en remploi ;

2° Le prix de ses immeubles aliénés dont le remploi n'a pas été fait et accepté comme il est dit ci-dessus ;

3° Toutes les indemnités qui peuvent lui être dues par la communauté.

280 Elle peut exercer toutes les actions et reprises ci-dessus détaillées, tant sur les biens de la communauté que sur les biens personnels du mari.

281. Ses héritiers le peuvent de même, sauf en ce qui concerne le prélèvement des linges et hardes, ainsi que le logement et la nourriture pendant le délai donné pour faire inventaire et délibérer; lesquels droits sont purement personnels à la femme survivante.

CHAPITRE V

De la Communauté conventionnelle

282. Les époux peuvent modifier la communauté légale par toute espèce de conventions non contraires aux dispositions ci-dessus. — Les principales modifications sont celles qui ont lieu en stipulant de l'une ou de l'autre des manières qui suivent; savoir : — 1° Que la communauté n'embrassera que les acquêts; — 2° Que le mobilier présent ou futur n'entrera point en communauté, ou n'y entrera que pour une partie; — 3° Qu'on y comprendra tout ou partie des immeubles présents ou futurs, par la voie de l'ameublissement; — 4° Que les époux paieront séparément leurs dettes antérieures au mariage; — 5° Qu'en cas de renonciation, la femme pourra reprendre ses apports francs et quittes; — 6° Que le survivant aura un préciput (1); — 7° Que les époux auront des parts inégales; — 8° Qu'il y aura entre eux communauté à titre universel.

CHAPITRE VI

De la Communauté réduite aux acquêts (2)

283. Lorsque les époux stipulent qu'il n'y aura entre eux qu'une communauté d'acquêts, ils sont censés exclure de la communauté et les dettes de chacun d'eux actuelles et futures, et leur mobilier respectif présent et futur. — En ce cas, et après que chacun des époux a prélevé ses apports dûment justifiés, le partage se borne aux acquêts faits par les époux ensemble ou séparément durant le mariage, et provenant tant de l'industrie commune que des économies faites sur les fruits et revenus des biens des deux époux.

284. Si le mobilier existant lors du mariage, ou échu depuis, n'a pas été constaté par inventaire ou état en bonne forme, il est réputé acquêt.

(1) Préciput; droit accordé à une personne de prélever avant tout partage une partie déterminée.

(2) Acquêt : chose acquise pendant le mariage.

CHAPITRE VII

De la Clause qui exclut de la Communauté le mobilier en tout ou partie

285. Les époux peuvent exclure de leur communauté tout le mobilier présent ou futur. — Lorsqu'ils stipulent qu'ils en mettront réciproquement dans la communauté jusqu'à concurrence d'une somme ou d'une valeur déterminée, ils sont, par cela seul, censés se réserver le surplus.

286. Cette clause rend l'époux débiteur envers la communauté, de la somme qu'il a promis d'y mettre, et l'oblige à justifier de cet apport.

287. Chaque époux a le droit de reprendre et de prélever, lors de la dissolution de la communauté, la valeur de ce dont le mobilier qu'il a apporté lors du mariage, ou qui lui est échu depuis, excédait sa mise en communauté.

288. Le mobilier qui échoit à chacun des époux pendant le mariage, doit être constaté par un inventaire.

A défaut d'inventaire du mobilier échu au mari, ou d'un titre propre à justifier de sa consistance et valeur, déduction faite des dettes, le mari ne peut en exercer sa reprise.

Si le défaut d'inventaire porte sur un mobilier échu à la femme, celle-ci ou ses héritiers sont admis à faire preuve, soit par titres, soit par témoins, soit même par commune renommée, de la valeur de ce mobilier.

CHAPITRE VIII

De la Clause de séparation des Dettes

289. La clause par laquelle les époux stipulent qu'ils paieront séparément leurs dettes personnelles, les oblige à se faire, lors de la dissolution de la communauté, respectivement raison des dettes qui sont justifiées avoir été acquittées par la communauté à la décharge de celui des époux qui en était débiteur.

CHAPITRE IX

De la Faculté accordée à la femme de reprendre son apport franc et quitte

290. La femme peut stipuler qu'en cas de renonciation à la communauté, elle reprendra tout ou partie de ce qu'elle y aura apporté,

soit lors du mariage, soit depuis ; mais cette stipulation ne peut s'étendre au-delà des choses formellement exprimées, ni au profit de personnes autres que celles désignées.

Ainsi la faculté de reprendre le mobilier que la femme a apporté lors du mariage, ne s'étend point à celui qui serait échu pendant le mariage

Ainsi la faculté accordée à la femme ne s'étend point aux enfants ; celle accordée à la femme et aux enfants ne s'étend point aux héritiers ascendants ou collatéraux.

Dans tous les cas, les apports ne peuvent être repris que déduction faite des dettes personnelles à la femme, et que la communauté aurait acquittées.

CHAPITRE X

Du Préciput conventionnel

291. La clause par laquelle l'époux survivant est autorisé à prélever, avant tout partage, une certaine somme ou une certaine quantité d'effets mobiliers en nature, ne donne droit à ce prélèvement, au profit de la femme survivante, que lorsqu'elle accepte la communauté, à moins que le contrat de mariage ne lui ait réservé ce droit, même en renonçant.

Hors le cas de cette réserve, le préciput ne s'exerce que sur la masse partageable, et non sur les biens personnels de l'époux prédécédé.

292. Le préciput n'est point regardé comme un avantage sujet aux formalités des donations, mais comme une convention de mariage.

293 La mort naturelle donne ouverture au préciput.

294. Lorsque la dissolution de la communauté s'opère par le divorce ou par la séparation de corps, il n'y a pas lieu à la délivrance actuelle du préciput ; mais l'époux qui a obtenu soit le divorce, soit la séparation de corps, conserve ses droits au préciput en cas de survie. Si c'est la femme, la somme ou la chose qui constitue le préciput reste toujours provisoirement au mari, à la charge de donner caution.

CHAPITRE XI

Des Parts inégales dans la Communauté

295. Les époux peuvent déroger au partage égal établi par la loi, soit en ne donnant à l'époux survivant ou à ses héritiers, dans la communauté, qu'une part moindre que la moitié, soit en ne lui donnant qu'une somme fixe pour tout droit de communauté, soit en stipulant que la communauté entière, en certains cas, appartiendra à l'époux survivant, ou à l'un d'eux seulement.

296. Lorsqu'il a été stipulé que l'époux ou ses héritiers n'auront qu'une certaine part dans la communauté, comme le tiers ou le quart, l'époux ainsi réduit ou ses héritiers ne supportent les dettes de la communauté que proportionnellement à la part qu'ils prennent dans l'actif.

297. Le mari ou ses héritiers qui retiennent, en vertu de la clause énoncée au n° 295 ci-dessus, la totalité de la communauté, sont obligés d'en acquitter toutes les dettes.

298. Il est permis aux époux de stipuler que la totalité de la communauté appartiendra au survivant ou à l'un d'eux seulement, sauf aux héritiers de l'autre à faire la reprise des apports et capitaux tombés dans la communauté, du chef de leur auteur.

CHAPITRE XII

Des Conventions exclusives de la Communauté

299. Lorsque, sans se soumettre au régime dotal, les époux déclarent qu'ils se marient sans communauté, ou qu'ils seront séparés de biens, les effets de cette stipulation sont réglés comme il suit.

CHAPITRE XIII

De la Clause portant que les époux se marient sans Communauté

300. La clause portant que les époux se marient sans communauté, ne donne point à la femme le droit d'administrer ses biens, ni d'en percevoir les fruits : ces fruits sont censés apportés au mari pour soutenir les charges du mariage.

301. Le mari conserve l'administration des biens meubles et immeubles de la femme, et, par suite, le droit de percevoir tout le mobilier qu'elle apporte en dot, ou qui lui échoit pendant le mariage, sauf la restitution qu'il doit en faire après la dissolution du mariage, ou après la séparation de biens qui serait prononcée par justice.

302. Le mari est tenu de toutes les charges de l'usufruit.

303. La clause énoncée au présent paragraphe ne fait point obstacle à ce qu'il soit convenu que la femme touchera annuellement, sur ses seules quittances, certaines portions de ses revenus pour son entretien et ses besoins personnels.

304. Les immeubles constitués en dot, dans le cas du présent paragraphe, ne sont point inaliénables. — Néanmoins ils ne peuvent être aliénés sans le consentement du mari, et à son refus, sans l'autorisation de la justice.

CHAPITRE XIV

De la clause de séparation de biens

305. Lorsque les époux ont stipulé par leur contrat de mariage qu'ils seraient séparés de biens, la femme conserve l'entière administration de ses biens meubles et immeubles, et la jouissance libre de ses revenus.

306. Chacun des époux contribue aux charges du mariage, suivant les conventions contenues en leur contrat ; et, s'il n'en existe point à cet égard, la femme contribue à ces charges jusqu'à concurrence du tiers de ses revenus.

307. Dans aucun cas, ni à la faveur d'aucune stipulation, la femme ne peut aliéner ses immeubles sans le consentement spécial de son mari, ou, à son refus, sans être autorisée par justice.

CHAPITRE XV

Du régime dotal.

308. La dot, sous ce régime comme sous celui du chapitre IV, est le bien que la femme apporte au mari pour supporter les charges du mariage.

309. Tout ce que la femme se constitue ou qui lui est donné en contrat de mariage, est dotal, s'il n'y a stipulation contraire.

§ 1er. — *De la constitution de dot*

310. La constitution de dot peut frapper tous les biens présents et à venir de la femme, ou tous ses biens présents seulement, ou une partie de ses biens présents et à venir, ou même un objet individuel.

La constitution, en termes généraux, de tous les biens de la femme, ne comprend pas les biens à venir.

311. La dot ne peut être constituée ni même augmentée pendant le mariage.

312. Si les père et mère constituent conjointement une dot, sans distinguer la part de chacun, elle sera censée constituée par portions égales.

Si la dot est constituée par le père seul pour droits paternels et maternels, la mère, quoique présente au contrat, ne sera point engagée, et la dot demeurera en entier à la charge du père.

313. Les intérêts de la dot courent de plein droit du jour du mariage, contre ceux qui l'ont promise, encore qu'il y eût terme pour le payement, s'il n'y a stipulation contraire.

§ 2. — *Des droits du mari sur les biens dotaux, et de l'inaliénabilité du fonds dotal.*

314. Le mari seul a l'administration des biens dotaux pendant le mariage. — Il a seul le droit d'en poursuivre les débiteurs et détenteurs, d'en percevoir les fruits et les intérêts, et de recevoir le remboursement des capitaux. — Cependant il peut être convenu, par le contrat de mariage, que la femme touchera annuellement, sur ses seules quittances, une partie de ses revenus pour son entretien et ses besoins personnels.

315. Le mari n'est pas tenu de fournir caution pour la réception de la dot, s'il n'y a pas été assujetti par le contrat de mariage.

316. Si la dot ou partie de la dot consiste en objets mobiliers mis à prix par le contrat, sans déclaration que l'estimation n'en fait pas vente, le mari en devient propriétaire, et n'est débiteur que du prix donné au mobilier.

317. Les immeubles constitués en dot ne peuvent être aliénés ou hypothéqués pendant le mariage, ni par le mari, ni par la femme, ni par les deux conjointement, sauf les exceptions qui suivent.

318. La femme peut, avec l'autorisation de son mari, ou, sur son refus, avec permission de justice, donner ses biens dotaux pour l'établissement des enfants qu'elle aurait d'un mariage antérieur ; mais si elle n'est autorisée que par justice, elle doit réserver la jouissance à son mari.

319. Elle peut aussi, avec l'autorisation de son mari, donner ses biens dotaux pour l'établissement de leurs enfants communs.

320. L'immeuble dotal peut être aliéné lorsque l'aliénation a été permise par le contrat de mariage.

321. L'immeuble dotal peut encore être aliéné avec permission de justice, et aux enchères, après trois affiches. — Pour tirer de prison le mari ou la femme ; — Pour fournir des aliments à la famille dans les cas prévus par les articles 203, 205 et 206, au titre *du Mariage*; — Pour payer les dettes de la femme ou de ceux qui ont constitué la dot, lorsque ces dettes ont une date certaine antérieure au contrat de mariage

322. L'immeuble dotal peut être échangé, mais avec le consentement de la femme contre un autre immeuble de même valeur, pour les quatre cinquièmes au moins, en justifiant de l'utilité de l'échange, en obtenant l'autorisation en justice, et d'après une estimation par experts nommés d'office par le tribunal.

323 Le mari est tenu, à l'égard des biens dotaux, de toutes les obligations de l'usufruitier.

Il est responsable de toutes prescriptions acquises et détériorations survenues par sa négligence.

324. Si la dot est mise en péril, la femme peut poursuivre la séparation de biens, ainsi qu'il est dit au n° 249 ci-dessus.

§ 3. — *De la restitution de la dot.*

325. Si la dot consiste en immeubles, ou en meubles non estimés par le contrat de mariage, ou bien mis à prix, avec déclaration que l'estimation n'en ôte pas la propriété à la femme.

Le mari ou ses héritiers peuvent être contraints de la restituer sans délai, après la dissolution du mariage.

326. Si elle consiste en une somme d'argent, — ou en meubles mis à prix par le contrat, sans déclaration que l'estimation n'en rend pas le mari propriétaire, — La restitution n'en peut être exigée qu'un an après la dissolution.

327. Si les meubles dont la propriété reste à la femme ont dépéri par l'usage et sans la faute du mari, il ne sera tenu de rendre que ceux qui resteront, et dans l'état où ils se trouveront. — Et néanmoins la femme pourra, dans tous les cas, retirer les linges et hardes à son usage actuel, sauf à précompter leur valeur, lorsque ces linges et hardes auront été primitivement constitués avec estimation.

328. Si la dot comprend des obligations ou constitutions de rentes qui ont péri, ou souffert des retranchements qu'on ne puisse imputer à la négligence du mari, il n'en sera point tenu, et il en sera quitte en restituant les contrats.

329. Si un usufruit a été constitué en dot, le mari ou ses heritiers ne sont obligés, à la dissolution du mariage, que de restituer le droit d'usufruit, et non les fruits échus durant le mariage.

330. Si le mariage est dissous par la mort de la femme, l'intérêt et les fruits de la dot à restituer courent de plein droit au profit de ses héritiers depuis le jour de la dissolution. — Si c'est par la mort du mari, la femme a le choix d'exiger les intérêts de sa dot pendant l'an du deuil, ou de se faire fournir des aliments pendant le dit temps aux dépens de la succession du mari ; mais dans les deux cas l'habitation durant cette année, et les habits de deuil, doivent lui être fournis sur la succession, et sans imputation sur les intérêts à elle dus.

331. A la dissolution du mariage, les fruits des immeubles dotaux se partagent entre le mari et la femme ou leurs héritiers, à proportion du temps qu'il a duré, pendant la dernière année. — L'année commence à partir du jour où le mariage a été célébré.

332. La femme et ses héritiers n'ont point de privilège.

CHAPITRE XV

Des biens paraphernaux. (1)

333. Tous les biens de la femme qui n'ont pas été constitués en dot sont paraphernaux.

334. Si tous les biens de la femme sont paraphernaux, et s'il n'y a pas de convention dans le contrat pour lui faire supporter une portion des charges du mariage, la femme y contribue jusqu'à concurrence du tiers de ses revenus.

335. La femme a l'administration et la jouissance de ces biens paraphernaux.

---

(1) Paraphernaux : se dit des biens de la femme qui ne lui sont pas constités en dot, et dont elle se réserve l'administration et la jouissance.

Mais elle ne peut les aliéner ni paraître en jugement à raison des dits biens, sans l'autorisation du mari, ou, à son refus, sans la permission de la justice.

336. — Si la femme donne sa procuration au mari pour administrer ses biens paraphernaux, avec charge de lui rendre compte des fruits, il sera tenu vis-à-vis d'elle comme tout mandataire.

337. Si le mari a joui des biens paraphernaux de sa femme, sans mandat, et néanmoins sans opposition de sa part, il n'est tenu, à la dissolution du mariage, ou à la première demande de la femme, qu'à la représentation des fruits existants, et il n'est point comptable de ceux qui ont été consommé jusqu'alors.

338. Si le mari a joui des biens paraphernaux malgré l'opposition constatée de la femme, il est comptable envers elle de tous les fruits tant existants que consommés.

339. Le mari qui jouit des biens paraphernaux est tenu de toutes les obligations de l'usufruitier.

Pour les donations entre époux, voir le chapitre des donations ci-après.

CHAPITRE XVI

De la dissolution du Mariage.

340. Le mariage se dissout, 1° par la mort de l'un des époux ; 2° par le divorce légalement prononcé.

CHAPITRE XVII

Des seconds mariages.

341. La femme ne peut contracter, un nouveau mariage qu'après dix mois révolus depuis la dissolution du mariage précédent.

CHAPITRE XVIII

Du divorce.

342. Le divorce est rétabli (Loi du 27 juillet 1884.)

§ Ier. — *Des causes du divorce*

343. Le mari pourra demander le divorce pour cause d'adultère de sa femme. La femme pourra également demander le divorce pour cause d'adultère de son mari.

344. Les époux pourront réciproquement demander le divorce pour excès, sévices ou injures graves de l'un envers l'autre.

345. La condamnation de l'un des époux à une peine afflictive infamante sera pour l'autre époux une cause de divorce.

§ II. — *Des mesures provisoires auxquellles peut donner lieu la demande en divorce.*

346. L'administration provisoire des enfants restera au mari demandeur ou défendeur en divorce, à moins qu'il n'en soit autrement ordonné par le tribunal, sur la demande soit de la mère soit, de la famille, ou du ministère public, pour le plus grand avantage des enfants.

347. La femme demanderesse ou défenderesse en divorce pourra quitter le domicile de son mari pendant la poursuite, et demander une pension alimentaire proportionnée aux facultés du mari. Le tribunal indiquera la maison dans laquelle la femme sera tenue de résider, et fixera, s'il y a lieu, la provision alimentaire que le mari sera obligé de lui payer.

348. — La femme commune en biens, demanderesse ou défenderesse en divorce, pourra, en tout état de cause, à partir de la date de l'ordonnance, requérir, pour la conservation de ses droits, l'apposition des scellés sur les effets mobiliers de la communauté. Ces scellés ne seront levés qu'en faisant inventaire avec prisée, et à la charge par le mari de représenter les choses inventoriées, ou de répondre de leur valeur comme gardien judiciaire.

349. Toute obligation contractée par le mari à la charge de la commuauté, toute aliénation par lui faite des immeubles qui en dépendent, postérieurement à la date de l'ordonnance dont il est fait mention au n° précédent, sera déclarée nulle, s'il est prouvé qu'elle ait été faite ou contractée en fraude des droits de la femme.

§ III. — *Des effets du divorce.*

350. Les époux divorcés ne pourront plus se réunir si l'un ou l'autre a, postérieurement au divorce, contracté un nouveau mariage suivi d'un second divorce. Au cas de réunion des époux, une nouvelle célébration du mariage sera nécessaire.

Les époux ne pourront adopter un régime matrimonial autre que celui qui réglait originairement leur union.

Apres la réunion des époux, il ne sera reçu de leur part aucune nouvelle demande de divorce, pour quelque cause que ce soit, autre que celle d'une condamnation à une peine afflictive et infamante prononcée contre l'un d'eux depuis leur réunion.

351. La femme divorcée ne pourra se remarier que dix mois après que le divorce sera devenu définitif.

352. Dans le cas de divorce admis en justice pour cause d'adultère, l'époux coupable ne pourra jamais se marier avec son complice.

353. L'époux contre lequel le divorce aura été prononcé perdra tous les avantages que l'autre époux lui avait faits, soit par contrat de mariage, soit depuis le mariage.

CHAPITRE XIX

De la séparation de corps.

354. Dans le cas où il y a lieu à demande en divorce, il sera libre aux époux de former une demande de séparation de corps.

355. — Lorsque la séparation de corps aura duré trois ans, le jugement pourra être converti en jugement de divorce, sur la demande formée par l'un des époux.

356. La séparation de corps emportera toujours la séparation des biens.

TITRE TROISIÈME

CHAPITRE PREMIER

DU DÉCÈS

357. Aucune inhumation ne sera faite sans une autorisation, sur papier libre et sans frais, de l'officier de l'état civil, qui ne pourra la délivrer qu'après s'être transporté auprès de la personne décédée, pour s'assurer du décès, et que vingt-quatre heures après le décès, hors les cas prévus par les règlements de police.

358. L'acte de décès sera dressé par l'officier de l'état civil, sur la déclaration de deux témoins. Ces témoins seront, s'il est possible, les deux plus proches parents ou voisins, ou, lorsqu'une personne sera décédée hors de son domicile, la personne chez laquelle elle sera décédée, et un parent ou autre.

359. Lorsqu'il y aura des signes ou indices de mort violente, ou d'autres circonstances qui donneront lieu de le soupçonner, on ne pourra faire l'inhumation qu'après qu'un officier de police, assisté d'un docteur en médecine ou en chirurgie, aura dressé procès-verbal de l'état du cadavre, et des circonstances y relatives, ainsi que des renseignements qu'il aura pu recueillir sur les prénoms, nom, âge, profession, lieu de naissance et domicile de la personne décédée.

CHAPITRE II

De la sépulture

§ 1er. — *Transport des corps des décédés.*

360. Aux termes de la circulaire ministérielle du 26 thermidor, an 12, chacun a la faculté de faire transporter, d'un département dans un autre, le corps de ses parents ou amis.

361. La circulaire du Ministre de l'Intérieur du 10 mars 1856, prescrit ce qui suit :

1° Le transport d'un cadavre d'un lieu à un autre, dans l'étendue de la même commune, doit être autorisé par le maire ;

2° Le transport d'une commune à une autre dans le même arrondissement, doit être autorisé par le sous-préfet ;

3° Le transport d'un arrondissement dans un autre, dans le même département, doit être autorisé par le préfet ;

4° Et le transport d'un département dans un autre et à l'étranger, doit être autorisé par le préfet.

362. La demande doit être sur timbre et adressée, suivant le cas, au maire, au sous-préfet ou au préfet.

§ 2. — *Mesures de précaution et de salubrité à observer pour les transports de corps.*

363 La translation d'un corps ne pourra être effectuée, hors du département où a lieu le décès, que dans un cercueil en bois de chêne, dont les compartiments auront 4 centimètres d'épaisseur, seront fixés avec des clous à vis et maintenus par trois frettes en fer serrées à écrou.

364 Quand le trajet à parcourir excèdera 200 kilomètres, le corps devra être placé dans un cercueil en plomb, renfermé lui-même dans une bière en chêne. Le cercueil en plomb sera alors confectionné avec des feuilles de plomb laminé de 2 millimètres, ou moins, d'épaisseur et solidement soudées entre elles.

365 Le cercueil de plomb pourra également être exigé, même pour des distances moindres, toutes les fois que des circonstances exceptionnelles rendront cette mesure nécessaire.

366. Dans tous les cas, le fond du cercueil contenant le corps devra être rempli par une couche de 6 centimètres d'un mélange pulvérulent, composé d'une partie de poudre de tan et de deux parties de charbon de bois pulvérisé. Le corps devra ensuite être entièrement couvert de cette même poudre, avant la fermeture du cercueil.

367. Les autorisations de transport ne sont accordées, suivant la circulaire ministérielle du 8 août 1859, qu'après l'accomplissement de ces formalités.

§ 3. — *Prix du transport des corps.*

368. Par train exprès : 1 fr. 12 par kilomètre.
Par train ordinaire : 0 fr. 336 par kilomètre.

§ 4. — *Exhumations.*

369. Le décret du 23 prairial an 12, porte que les autorités sont spécialement chargées de maintenir l'exécution des lois et règlements qui prohibent les exhumations non autorisées.

370. Les exhumations peuvent avoir lieu : 1° pour transporter le corps dans un autre cimetière, soit dans la même localité, soit dans une autre commune ; 2° pour opérer la réinhumation dans le même cimetière, soir par suite de renouvellement des terrains ou plaines dans un cimetière.

371. Dans l'un et l'autre cas, l'exhumation d'un corps, quelle que soit sa destination, ne peut avoir lieu qu'en vertu d'une autorisation spéciale du maire de la commune. (Cir. int. 10 mars 1856.

CHAPITRE III

De la Liberté des Funérailles
(Loi du 15 novembre 1887).

372. Tout majeur ou mineur émancipé, en état de tester, peut régler les conditions de ses funérailles, notamment en ce qui concerne le caractère civil ou religieux à leur donner et le mode de sa sépulture.

Il peut charger une ou plusieurs personnes de veiller à l'exécution de ses dispositions.

La volonté exprimée dans un testament ou dans une déclaration faite en forme testamentaire, soit par devant notaire, soit sous signature privée, a la même force qu'une disposition testamentaire relative aux biens : elle est soumise aux mêmes règles quant aux conditions de la révocation.

Un règlement d'administration publique déterminera les conditions applicables aux divers modes de sépultures. Toute contravention aux dispositions de ce règlement sera punie des peines édictées dans l'article suivant.

En cas de contestation sur les conditions des funérailles, il est statué, dans le jour, sur la citation de la partie la plus diligente, par le Juge de paix du lieu du décès, sauf appel devant le Président du tribunal civil de l'arrondissement, qui devra statuer dans les vingt-quatre heures

La décision est notifiée au maire, qui est chargé d'en faire assurer l'exécution.

Il n'est apporté par la présente loi aucune restriction aux attributions des maires en ce qui concerne les mesures à prendre dans l'intérêt de la salubrité publique.

373. Sera punie des peines portées aux articles 199 et 200 du code pénal, toute personne qui aura donné aux funérailles un caractère contraire à la volonté du défunt ou à la décision judiciaire, lorsque l'acte constatant la volonté du défunt ou la décision du juge lui aura été dûment notifiée.

CHAPITRE IV

Des Successions

374. On entend par succession la transmission des biens, droits et charges d'une personne décédée, à une ou plusieurs autres.

375. Les successions sont transmises par la force de la loi, ou par la volonté de l'homme. Les premières s'appellent *légitimes*, parce qu'elles font passer les biens dans l'ordre voulu par la loi : elles forment la règle générale. Les secondes, qu'on nomme *successions testamentaires*, ne sont que des exceptions que la volonté de l'homme apporte à cette règle générale.

§ 1er. — *De l'ouverture des successions.*

376. Les successions s'ouvrent par la mort naturelle et par la mort civile.

377. On dit qu'une succession est ouverte, lorsque les biens qui la composent, étant restés sans maître, doivent passer aux héritiers désignés par la loi. Il est très important de déterminer le moment précis de cette ouverture, pour savoir quels sont les héritiers.

§ 2. — *Des qualités requises pour succéder.*

378. Pour succéder, il faut nécessairement exister à l'instant de l'ouverture de la succession. — Aussi, sont incapables de succéder : — 1° Celui qui n'est pas encore conçu ; — 2° L'enfant qui n'est pas né viable.

379. Sont indignes de succéder, et, comme tels, exclus des successions : — 1° Celui qui serait condamné pour avoir donné ou tenté de donner la mort au défunt ; — 2° Celui qui a porté contre le défunt une accusation capitale jugée calomnieuse ; — 3° L'héritier majeur qui, instruit du meurtre du défunt, ne l'aura pas dénoncé à la justice

380. L'héritier exclu de la succession pour cause d'indignité, est tenu de rendre tous les fruits et les revenus dont il a eu la jouissance depuis l'ouverture de la succession. Les enfants de l'indigne, venant à la succession de leur chef, et sans le secours de la représentation, ne sont pas exclus pour la faute de leur père ; mais celui-ci ne peut, en aucun cas, réclamer, sur les biens de cette succession, l'usufruit que la loi accorde aux pères et mères sur les biens de leurs enfants.

§ 3. — *Des divers ordres de successions.*

381. Les successions sont déférées aux enfants et descendants du défunt, à ses ascendants et à ses parents collatéraux dans l'ordre et suivant les règles ci-après déterminées.

§ 4. — *Des successions déférées aux descendants.*

382. Les enfants ou leurs descendants succèdent à leur père et mère, aïeuls, aïeules, ou autres descendants sans distinction de sexe ni de primogéniture (1), et encore qu'ils soient issus de différents mariages. Ils succèdent par égale portion et par tête, quand ils sont tous au premier degré (2) et appelés de leur chef ; ils succèdent par souche lorsqu'ils viennent tous en partie par la représentation.

§ 5. — *Des successions déférées aux ascendants.*

383. Si le défunt n'a laissé ni postérité, ni frère, ni sœur, ni descendants d'eux, la succession se divise par moitié entre les ascen-

---

(1) Primogéniture : titre d'aîné.
(2) Pour les degrés de parenté, voir la couverture.

dants de la ligne paternelle et les ascendants de la ligne maternelle. L'ascendant qui se trouve au degré le plus proche recueille la moitié affectée à sa ligne, à l'exclusion de toutes autres. Les ascendants au même degré succèdent par tête.

384. Lorsque les père et mère d'une personne morte sans postérité lui ont survécu, si elle a laissé des frères, sœurs, ou des descendants d'eux, la succession se divise en deux portions égales, dont la moitié seulement est déférée au père et à la mère qui la partagent entre eux également ; l'autre moitié appartient aux frères, sœurs ou descendants d'eux.

385. Dans le cas où la personne morte sans postérité laisse des frères, sœurs ou descendants d'eux, si le père ou la mère est prédécédé, la portion qui lui aurait été dévolue se réunit à la moitié déférée aux frères, sœurs ou à leurs représentants.

§ 6. — *Des successions collatérales.*

386. En cas de prédécès des père et mère d'une personne morte sans postérité, ses frères, sœurs ou leurs descendants sont appelés à la succession à l'exclusion des ascendants et des autres collatéraux.

387. Si les père et mère de la personne morte sans postérité lui ont survécu, ses frères, sœurs, ou leurs représentants, ne sont appelés qu'à la moitié de la succession. Si le père ou la mère seulement a survécu, ils sont appelés à recueillir les trois quarts.

388. A défaut de frères ou de sœurs ou de descendants d'eux, et à défaut d'ascendants dans l'une ou l'autre ligne, la succession est déférée pour moitié aux ascendants suivants ; et pour l'autre moitié, aux parents les plus proches de l'autre ligne. — S'il y a concours de parents collatéraux au même degré, ils partagent par tête,

§ 7. — *Des successions irrégulières.*

389. *Droits des enfants naturels.* — Les enfants naturels ne sont point héritiers. la loi ne leur accorde de droit sur les biens de leur père ou mère décédés, que lorsqu'ils ont été reconnus.

390. Leurs droits s'exercent ainsi qu'il suit :

Ils prennent la totalité des biens composant l'hérédité de leur père ou mère, lorsque ceux-ci ne laissent point de parents au degré successible, c'est-à-dire au-dessous du douzième degré.

391. Dans le cas contraire, voici comment cette qualité se détermine : si le père ou la mère ont laissé des descendants légitimes, le droit de l'enfant naturel est *d'un tiers* de la portion héréditaire qu'il aurait eue s'il eût été légitime ; il est de *la moitié* lorsque le père ou la mère ne laissent pas de descendants, mais bien des ascendants, ou des frères ou sœurs ; il est des *trois quarts* lorsque le père ou la mère ne laissent ni descendants, ni ascendants, ni frères ni sœurs, ni descendants de frères ou de sœurs.

§ 8. — *Des droits du conjoint survivant et de l'État.*

392. Lorsque le défunt ne laisse ni parents au degré successible, ni enfants naturels, les biens de sa succession appartiennent au con-

joint non divorcé qui lui survit. A défaut du conjoint survivant la succession est acquise à l'Etat.

CHAPITRE V

Acceptation des successions.

393. Une succession peut être acceptée purement et simplement, ou sous bénéfice d'inventaire.

Nul n'est tenu d'accepter une succession qui lui est échue.

394. Les femmes mariées ne peuvent pas valablement accepter une succession sans l'autorisation de leur mari. Les successions échues aux mineurs et aux interdits, ne pourront être valablement acceptées que conformément au chapitre de la tutelle

395. Lorsque celui à qui une succession est échue est décédé sans l'avoir répudiée ou sans l'avoir acceptée, ses héritiers peuvent l'accepter ou la répudier de son chef.

§ 1er. — *De la renonciation aux successions.*

396. La renonciation à une succession ne se présume pas : elle ne peut plus être faite qu'au greffe du tribunal de première instance dans l'arrondissement duquel la succession s'est ouverte.

397. L'héritier qui renonce, est censé n'avoir jamais été héritier.

398. La part du renonçant accroît à ses cohéritiers ; s'il est seul, elle est dévolue au degré subséquent.

399. Les héritiers qui auraient diverti ou recélé des effets d'une succession, sont déchus de la faculté d'y renoncer : ils demeurent héritiers purs et simples, nonobstant leur renonciation, sans pouvoir prétendre aucune part dans les objets divertis ou recélés.

§ 2. — *Du bénéfice d'inventaire.*

400. La déclaration d'un héritier, qui entend ne prendre cette qualité que sous bénéfice d'inventaire, doit être faite au greffe du tribunal de première instance dans l'arrondissement duquel la succession s'est ouverte.

401. Cette déclaration n'a d'effet qu'autant qu'elle est précédée ou suivie d'un inventaire fidèle et exact des biens de la succession, dans les formes réglées par les lois sur la procédure, et dans les délais qui seront ci-après déterminés.

402. L'héritier a trois mois pour faire inventaire à compter du jour de l'ouverture de la succession. — Il a de plus, pour délibérer sur son acceptation ou sur sa renonciation, un délai de quarante jours, qui commence à courir du jour de l'expiration des trois mois donnés pour l'inventaire, ou du jour de la clôture de l'inventaire s'il a été terminé avant les trois mois.

403. — L'héritier qui s'est rendu coupable de recélé, ou qui a omis, sciemment et de mauvaise foi, de comprendre dans l'inventaire des effets de la succession, est déchu du bénéfice d'inventaire.

404. L'effet du bénéfice d'inventaire est de donner à l'héritier l'avantage :

1° De n'être tenu du payement des dettes de la succession que jusqu'à concurrence de la valeur des biens qu'il a recueillis, même de pouvoir se décharger du payement des dettes en abandonnant tous les biens de la succession aux créanciers et aux légataires :

405. L'héritier bénéficiaire est chargé d'administrer les biens de la succession et doit rendre compte de son administration aux créanciers et aux légataires.

406. Il n'est tenu que des fautes graves dans l'administration dont il est chargé.

407. Il ne peut vendre les meubles de la succession que par le ministère d'un officier public, aux enchères, et après les affiches et publications accoutumées.

S'il les représentent en nature, il n'est tenu que de la dépréciation ou de la détériorations causée par sa négligence.

408. *Il ne peut vendre les immeubles que dans les formes prescrites par les lois sur la procédure* ; il est tenu d'en déléguer le prix aux créanciers hypothécaires qui se sont fait connaître.

409. Il est tenu si les créanciers ou autres personnes intéressées l'exigent, de donner caution bonne et solvable de la valeur du mobilier compris dans l'inventaire, et de la proportion du prix des immeubles non déléguée aux créanciers hypothécaires.

Faute par lui de fournir cette caution, les meubles sont vendus, et le prix est déposé, ainsi que la portion non déléguée du prix des immeubles, pour être employés à l'acquit des charges de la succession.

410. S'il y a des créanciers opposants, l'héritier bénéficiaire ne peut payer que dans l'ordre et de la manière réglés par le juge. S'il n'y a pas de créanciers opposants, il paie les créanciers et les légataires à mesures qu'ils se présentent.

411. Les créanciers non opposants qui ne se présentent qu'après l'apurement du compte et le paiement du reliquat, n'ont de recours à exercer que contre les légataires.

412. Les frais de scellés, s'il en a été apposé, d'inventaire et de compte, sont à la charge de la succession.

§ 3. — *Des successions vacantes.*

413. Lorsqu'après l'expiration des délais pour faire inventaire et pour délibérer, il ne se présente personne qui réclame une succession, qu'il n'y a pas d'héritier connu, ou que les héritiers connus y ont renoncé. Cette succession est réputée vacante.

CHAPITRE VI

Du Partage et des rapports.

414. Nul ne peut être contraint à demeurer dans l'indivision ; et le partage peut toujours être provoqué, nonobstant prohibitions et

conventions. On peut cependant convenir de suspendre le partage pendant cinq ans. Cette convention peut être renouvelée.

415. L'action en partage, à l'égard des cohéritiers mineurs ou interdits, peut être exercée par leurs tuteurs, spécialement autorisés par un conseil de famille. — A l'égard des cohéritiers absens, l'action appartient aux parents envoyés en possession.

416. Le mari peut, sans le concours de sa femme, provoquer le partage des meubles ou immeubles à elle échus qui tombent dans la communauté : à l'égard des objets qui ne tombent pas en communauté, le mari ne peut en provoquer le partage sans le concours de sa femme.

§ Ier. — *Des rapports.*

417. Tout héritier, même bénéficiaire, venant à une succession, doit rapporter à ses cohérietiers tout ce qu'il a reçu du défunt, par donation entre-vifs, directement ou indirectement : il ne peut retenir les dons ni réclamer les legs à lui faits par le défunt, à moins que les dons et legs ne lui aient été faits expressément par préciput et hors part, ou avec dispense du rapport.

418. Dans le cas même où les dons et legs auraient été faits par préciput ou avec dispense du rapport, l'héritier venant à partage ne peut les retenir que jusqu'à concurrence de la quotité disponible : l'excédant est sujet à rapport.

419. Le rapport est dû de ce qui a été employé pour l'établissement d'un des cohéritiers, ou pour le paiement de ses dettes.

420. Les frais de nourriture, d'entretien, d'éducation, d'apprentissage, les frais ordinaires d'équipement, ceux de noces et présents d'usage, ne doivent pas être rapportés.

421. L'immeuble qui a péri par cas fortuit et sans la faute du donataire, n'est pas sujet à rapport

422. Les fruits et les intérêts des choses sujettes à rapport ne sont dus qu'à compter du jour de l'ouverture de la succession,

423. Dans tous les cas, il doit être tenu compte au donataire, des impenses qui ont amélioré la chose, eu égard à ce dont la valeur se trouve augmentée au temps du partage.

424. Il doit être pareillement tenu compte au donataire, des impenses nécessaires qu'il a faites pour la conservation de la chose, encore qu'elles n'aient pas améliorer le fonds

425. Le donataire, de son côté, doit tenir compte des dégradations et détériorations qui ont diminué la valeur de l'immeuble par son fait ou par sa faute et négligense

§ II. — *Du Paiement des dettes.*

426. Les cohéritiers contribuent entre eux au paiement des dettes et charges de la succession, chacun dans la proportion de ce qu'il prend.

427. Le légataire à titre universel contribue avec les héritiers, au prorata de son émolument ; mais le légataire particulier n'est pas tenu des dettes et charges, sauf toutefois l'action hypothécaire sur l'immeuble légué.

428. Les héritiers sont tenus des dettes et charges de la succession

personnellement pour leur part et portion virile, et hypothécairement pour le tout ; sauf leur recours, soit contre les cohéritiers et légataires universels, à raison de la part pour laquelle ils doivent y contribuer.

429. Le légataire particulier qui a acquitté la dette dont l'immeuble légué était grevé, demeure subrogé aux droits du créancier contre les héritiers et successeurs à titre universel.

430. Le cohéritier ou successeur à titre universel, qui, par l'effet de l'hypothèque, a payé au-delà de sa part de la dette commune, n'a de recours contre les autres cohéritiers ou successeurs à titre universel, que pour la part que chacun d'eux doit personnellement en supporter, même dans le cas où le cohéritier qui a payé la dette se serait fait subroger aux droits des créanciers : sans préjudice néanmoins des droits d'un cohéritier qui, par le bénéfice d'inventaire, aurait conservé la faculté de réclamer le paiement de sa créance personnelle, comme tout autre créancier.

431. En cas d'insolvabilité d'un des cohéritiers ou successeurs à titre universel, sa part dans la dette hypothécaire est répartie sur tous les autres, au marc le franc.

§ III. — *De la rescision en matière de partage.*

432. Les partages peuvent être rescindés pour cause de violence ou de dol. Il peut aussi y avoir lieu à rescision, lorsqu'un des cohéritiers établit, à son préjudice, une lésion de plus du quart.

433. Pour juger s'il y a eu lésion, on estime les objets suivant leur valeur à l'époque du partage.

CHAPITRE VIII.

Des donations entre vifs et des testaments.

434. On ne pourra disposer de ses biens, à titre gratuit, que par donation entre-vifs ou par testament dans les formes ci-après.

435. Le testament est un acte par lequel le testateur dispose, pour le temps où il n'existera plus, de tout ou partie de ses biens, et qu'il peut révoquer.

§ Ier. — *De la capacité de disposer ou de recevoir par donation entre vifs ou par testament.*

436. Pour faire une donation entre vifs ou un testament, il faut être sain d'esprit.

437. Le mineur âgé de moins de seize ans ne pourra aucunement disposer, sauf ce qui est réglé au chapitre X du présent titre.

438. Le mineur parvenu à l'âge de seize ans ne pourra disposer que par testament, et jusqu'à concurrence seulement de la moitié des biens dont la loi permet au majeur de disposer.

439. La femme mariée ne pourra donner entre-vifs sans l'assis-

tance ou le consentement spécial de son mari, ou sans y être autorisée par la justice.

Elle n'aura besoin ni de consentement du mari, ni d'autorisation de la justice, pour disposer par testament.

440. Le mineur, quoique parvenu à l'âge de seize ans, ne pourrait même par testament, disposer au profit de son tuteur. — Le mineur, devenu majeur, ne pourra disposer, soit par donation entre-vifs, soit par testament, au profit de celui qui aura été son tuteur, si le compte définitif de la tutelle, n'a été préalablement rendu et apuré. — Sont exceptés, dans les deux cas ci-dessus, les ascendants des mineurs, qui sont ou qui ont été leurs tuteurs.

441. Les enfants naturels ne pourront, par donation entre-vifs ou par testament, rien recevoir au-delà de ce qui leur est accordé au titre des *Successions*.

442. Les docteurs en médecine ou en chirurgie, les officiers de santé et les pharmaciens qui auront traité une personne pendant une maladie dont elle meurt, ne pourront profiter des dispositions entre-vifs ou testamentaires qu'elle aurait faites en leur faveur pendant le cours de cette maladie — Sont exceptés, 1° les dispositions rémunératoires faites à titre particulier, eu égard aux facultés du disposant et aux services rendus; — 2° Les dispositions universelles dans le cas de parenté jusqu'au quatrième degré inclusivement, pourvu toutes fois que le décédé n'ait pas d'héritiers en ligne directe, à moins que celui au profit de qui la disposition a été faite, ne soit lui-même du nombre des héritiers. — Les mêmes règles seront observées à l'égard du ministre du culte.

§§ II. — *De la portion des biens disponibles.*

443. Les libéralités, soit par actes entre-vifs, soit par testament, ne pourront excéder la moitié des biens du disposant, s'il ne laisse à son décès qu'un enfant légitime; le tiers, s'il en laisse trois ou un plus grand nombre.

444. Sont compris dans l'article précédent, sous le nom d'*enfants*, les descendants en quelque degré que ce soit; néanmoins ils ne sont comptés que pour l'enfant qu'ils représentent dans la succession du disposant.

445. Les libéralités, par actes entre-vifs ou par testament, ne pourront excéder la moitié des biens, si, à défaut d'enfans, le défunt laisse un ou plusieurs ascendants dans chacune des lignes paternelle et maternelle; et les trois quarts, s'il ne laisse d'ascendants que dans une ligne.

446. Si la disposition par acte entre vifs ou par testament est d'un usufruit ou d'une rente viagère dont la valeur excède la quotité disponible, les héritiers au profit desquels la loi fait une réserve, auront l'option, ou d'exécuter cette dispositon, ou de faire l'abandon de la propriété de la quotité disponible.

§ III. — *De la réduction des donations et legs.*

447. — Les dispositions soit entre-vifs, soit à cause de mort, qui excéderont la quotité disponible, seront réductibles à cette quotité lors de l'ouverture de la succession.

CHAPITRE VIII.

De la forme des donations entre-vifs.

448. Tous actes portant donation entre-vifs seront passés devant notaires, dans la forme ordinaire des contrats ; et il en restera minute sous peine de nullité.

449. La donation entre-vifs n'engagera le donateur, et ne produira aucun effet, que du jour qu'elle aura été acceptée en termes exprès.

L'acceptation pourra être faite du vivant du donateur, par un acte postérieur et authentique, dont il restera minute ; mais alors la donation n'aura d'effet, à l'égard du donateur, que du jour où l'acte qui constatera cette acceptation lui aura été notifié.

450. Si le donataire est majeur, l'acceptation doit être faite par lui, ou, en son nom, par la personne fondée de sa procuration.

451. La femme mariée ne pourra accepter une donation sans le consentement de son mari, ou, en cas de refus du mari, sans autorisation de la justice.

452. La donation faite à un mineur non émancipé ou à un interdit, devra être acceptée par son tuteur, conformément au titre *de la Tutelle*.

453. Le sourd-muet qui saura écrire, pourra accepter lui-même ou par un fondé de pouvoir. — S'il ne sait pas écrire, l'acceptation doit être faite par un curateur nommé à cet effet, suivant les règles établies au titre de *la Minorité, de la Tutelle et de l'Émancipation*.

454. La donation entre-vifs ne pourra comprendre que les biens présents du donateur ; si elle comprend des biens à venir, elle sera nulle à cet égard.

455. Il est permis au donateur de faire la réserve à son profit, ou de disposer au profit d'un autre, de la jouissance ou de l'usufruit des biens meubles ou immeubles donnés.

456. Lorsque la donation d'effets mobiliers aura été faite avec réserve d'usufruit, le donataire sera tenu, à l'expiration de l'usufruit, de prendre les effets donnés qui se trouveront en nature, dans l'état où ils seront ; et il aura action contre le donateur ou ses héritiers, pour raison des objets non existants, jusqu'à concurrence de la valeur qui leur aura été donnée dans l'état estimatif.

457. Toutes donations entre-vifs faites par personnes qui n'avaient point d'enfants ou de descendants actuellement vivants dans le temps de la donation, de quelque valeur que ces donations puissent être, et à quelque titre qu'elles aient été faites, et encore qu'elles fussent mutuelles ou rémunératoires, même celles qui auraient été faites en faveur du mariage par autres que par les ascendants aux conjoints, ou par les conjoints l'un à l'autre, demeureront révoquées de plein droit par la survenance d'un enfant légitime du donateur, même d'un posthume, ou par la légitimation d'un enfant naturel par mariage subséquent, s'il est né depuis la donation.

458. Cette révocation aura lieu, encore que l'enfant du donateur ou de la donatrice fût conçu au temps de la donation.

459. La donation demeurera pareillement révoquée, lors même que le donataire serait entré en possession des biens donnés, et

qu'il y aurait été laissé par le donateur depuis la survenance de l'enfant ; sans néanmoins que le donataire soit tenu de restituer les fruits par lui perçus, de quelque nature qu'ils soient, si ce n'est du jour que la naissance de l'enfant ou sa légitimation par mariage subséquent lui aura été notifiée par exploit ou autre acte en bonne forme ; et ce, quand même la demande pour entrer dans les biens donnés n'aurait été formée que postérieument à cette notification.

§ Ier. — *Des règles générales sur la forme des testaments.*

460. Toute personne pourra disposer par testament, soit sous le titre d'institution d'héritier, soit sous le titre de legs, soit sous toute autre dénomination propre à manifester sa volonté.

461. Un testament ne pourra être fait dans le même acte par deux ou plusieurs personnes, soit au profit d'un tiers, soit à titre de disposition réciproque et mutuelle.

462. Un testament pourra être olographe, ou fait par acte public ou dans la forme mystique.

463. Le testament olographe ne sera point valable, s'il n'est écrit en entier, daté et signé de la main du testateur : il n'est assujetti à aucune autre forme.

464. Le testament par acte public est celui qui est reçu par deux notaires, en présence de deux témoins, ou par un notaire, en présence de quatre témoins.

465. Si le testament est reçu par deux notaires, il leur est dicté par le testateur, et il doit être écrit par l'un de ces notaires, tel qu'il est dicté.

S'il n'y a qu'un notaire, il doit également être dicté par le testateur, et écrit par ce notaire.

Dans l'un et l'autre cas, il doit en être donné lecture au testateur, en présence des témoins.

Il est fait du tout mention expresse.

466. Ce testament doit être signé par le testateur : s'il déclare qu'il ne sait ou ne peut signer, il sera fait dans l'acte mention de sa déclaration.

467. Ne pourront être pris pour témoins du testament par acte public, ni les légataires, à quelque titre qu'ils soient, ni leurs parents ou alliés jusqu'au quatrième degré inclusivement, ni les clercs des notaires par lesquels les actes seront reçus.

468. Lorsque le testateur voudra faire un testament mystique ou secret, il sera tenu de signer ses dispositions, soit qu'il les ait écrites lui-même, ou qu'il les ait fait écrire par un autre. Sera le papier qui contiendra ses dispositions, ou le papier qui servira d'enveloppe, s'il y en a une, clos et scellé. Le testateur le présentera ainsi clos et scellé au notaire, et à six témoins au moins, ou il le fera clore et sceller en leur présence; et il déclarera que le contenu en ce papier est son testament écrit et signé de lui, ou écrit par un autre et signé de lui : le notaire en dressera l'acte de suscription, qui sera écrit sur ce papier ou sur la feuille qui servira d'enveloppe ; cet acte sera signé tant par le testateur que par le notaire, ensemble par les témoins. Tout ce que dessus sera fait de suite et sans divertir à autres actes ; et en cas que le testateur, par un empêchement survenu depuis la signature du testament, ne puisse signer l'acte de suscription, il sera fait mention de la déclaration qu'il en

aura faite, sans qu'il soit besoin, en ce cas, d'augmenter le nombre des témoins.

469. Si le testateur ne sait signer, ou s'il n'a pu le faire lorsqu'il a fait écrire ses dispositions, il sera appelé à l'acte de suscription un témoin, outre le nombre porté par l'article précédent, lequel signera l'acte avec les autres témoins; et il y sera fait mention de la cause pour laquelle ce témoin aura été appelé.

470. Ceux qui ne savent ou ne peuvent lire, ne pourront faire de dispositions dans la forme du testament mystique.

§ 2. — *Des Institutions d'héritier, et des Legs en général*

471. Les dispositions testamentaires sont ou universelles, ou à titre universel, ou à titre particulier.

§ 3. — *Du legs universel*

472. Le legs universel est la disposition testamentaire par laquelle le testateur donne à une ou plusieurs personnes l'universalité des biens qu'il laissera à son décès.

473 Lorsqu'au décès du testateur il n'y aura pas d'héritiers auxquels une quotité de ses biens soit réservée par la loi, le légataire universel sera saisi de plein droit par la mort du testateur, sans être tenu de demander la délivrance. Dans le cas contraire, il doit demander la délivrance des biens aux héritiers réservataires.

474 Tout testament olographe sera, avant d'être mis à exécution, présenté au président du tribunal de première instance de l'arrondissement dans lequel la succession est ouverte. Ce testament sera ouvert, s'il est cacheté. Le président dressera procès-verbal de la présentation, de l'ouverture et de l'état du testament, dont il ordonnera le dépôt entre les mains du notaire par lui commis

475. Si le testament est dans la forme mystique, sa présentation, son ouverture, sa description et son dépôt, seront faits de la même manière.

Le légataire universel qui sera en concours avec un héritier auquel la loi réserve une quotité de biens, sera tenu des dettes et charges de la succession du testateur, personnellement pour sa part et portion, et hypothécairement pour le tout; et il sera tenu d'acquitter tous les legs, sauf le cas de réduction.

§ 4. — *Du legs à titre universel*

476. Le legs à titre universel est celui par lequel le testateur lègue une quote-part des biens dont la loi lui permet de disposer, telle qu'une moitié, un tiers, ou tous ses immeubles, ou tout son mobilier, ou une quotité fixe de tous ses immeubles ou de tout son mobilier. — Tout autre legs ne forme qu'une disposition à titre particulier.

477. Les légataires à titre universel seront tenus de demander la délivrance aux héritiers auxquels une quotité des biens est réservée par la loi; à leur défaut, aux légataires universels; ou à défaut de ceux-ci, aux héritiers appelés dans l'ordre établi au titre des *Successions*.

478. Le légataire à titre universel sera tenu, comme le légataire universel, des dettes et charges de la succession du testateur, personnellement pour sa part et portion, et hypothécairement pour le tout.

§ 5. — *Des legs particuliers*

479. Tout legs pur et simple donnera au légataire, du jour du décès du testateur, un droit à la chose léguée, droit transmissible à ses héritiers ou ayants-cause. — Néanmoins le légataire particulier ne pourra se mettre en possession de la chose léguée, ni en prétendre les fruits ou intérêts, qu'à compter du jour de sa demande en délivrance, formée suivant l'ordre établi par le numéro 477, ou du jour auquel cette délivrance lui aurait été volontairement consentie.

480. Les intérêts ou fruits de la chose léguée courront au profit du légataire, dès le jour du décès, et sans qu'il ait formé sa demande en justice. — 1° Lorsque le testateur aura expressément déclaré sa volonté, à cet égard, dans le testament; — 2° Lorsqu'une rente viagère ou une pension aura été léguée à titre d'aliments.

481. Les héritiers du testateur, ou autres débiteurs d'un legs, seront personnellement tenus de l'acquitter, chacun au prorata de la part et portion dont ils profiteront dans la succession.

482. Le legs fait au créancier ne sera pas censé en compensation de sa créance, ni le legs fait au domestique en compensation de ses gages.

483. Le légataire à titre particulier ne sera point tenu des dettes de la succession, sauf la réduction du legs ainsi qu'il est dit ci-dessus, et sauf l'action hypothécaire des créanciers.

§. 6. — *De la révocation des Testaments, et de leur caducité*

484. Les testaments ne pourront être révoqués, en tout ou en partie, que par un testament postérieur, ou par un acte devant notaires, portant déclaration du changement de volonté.

485 Les testaments postérieurs qui ne révoqueront pas d'une manière expresse les précédents, n'annuleront, dans ceux-ci, que celles des dispositions y contenues qui se trouveront incompatibles avec les nouvelles, ou qui seront contraires.

486. La révocation faite dans un testament postérieur aura tout son effet, quoique ce nouvel acte reste sans exécution par l'incapacité de l'héritier institué, ou du légataire, ou par leur refus de recueillir.

487. Toute aliénation, celle même par vente avec faculté de rachat ou par échange, que fera le testateur de tout ou de partie de la chose léguée, emportera la révocation du legs pour tout ce qui a été aliéné, encore que l'aliénation postérieure soit nulle, et que l'objet soit rentré dans la main du testateur.

488 Toute disposition testamentaire sera caduque, si celui en faveur de qui elle est faite n'a pas survécu au testateur.

489. Le legs sera caduc, si la chose léguée a totalement péri pendant la vie du testateur. Il en sera de même, si elle a péri depuis sa mort, sans le fait ou la faute de l'héritier, quoique celui-ci

ait été mis en retard de la délivrer, lorsqu'elle eût également dû périr entre les mains de légataire

490. La disposition testamentaire sera caduque, lorsque l'héritier institué ou le légataire la répudiera, ou se trouvera incapable de la recueillir.

491. Il y aura lieu à accroissement au profit des légataires, dans le cas où le legs sera fait à plusieurs conjointement.

§ 7. — *Des dispositions permises en faveur des Petits-Enfants du Donateur ou Testateur, ou des Enfants de ses Frères et Sœurs.*

492. Les biens dont les pères et mères ont la faculté de disposer pourront être par eux donnés, en tout ou en partie, à un ou plusieurs de leurs enfants, par actes entre vifs ou testamentaires, avec la charge de rendre ces biens aux enfants nés et à naître, au premier degré seulement, desdits donataires.

493. Sera valable, en cas de mort sans enfants, la disposition que le défunt aurait faite par acte entre vifs ou testamentaire, au profit d'un ou plusieurs de ses frères ou sœurs, de tout ou partie des biens qui ne sont point réservés par la loi dans sa succession, avec la charge de rendre ces biens aux enfants nés et à naître, au premier degré seulement, desdits frères ou sœurs donataires.

§ 8. — *Des partages faits par le père, mère, ou autres ascendants, entre leurs descendants*

494. Les père et mère et autres ascendants pourront faire, entre leurs enfants et descendants, la distribution et le partage de leurs biens.

495. Ces partages pourront être faits par actes entre vifs ou testamentaires, avec les formalités, conditions et règles prescrites pour les donations entre-vifs et testaments. — Les partages faits par actes entre-vifs ne pourront avoir pour objet que les biens présents.

496. Si tous les biens que l'ascendant laissera au jour de son décès n'ont pas été compris dans le partage, ceux de ces biens qui n'y auront pas été compris, seront partagés conformément à la loi.

§ 9. — *Des Donations faites par contrat de mariage aux époux et aux enfants à naître du mariage*

497. Toute donation entre-vifs de biens présents, quoique faite par contrat de mariage aux époux, ou à l'un d'eux, sera soumise aux règles générales prescrites pour les donations faites à ce titre. — Elle ne pourra avoir lieu au profit des enfants à naître, si ce n'est dans les cas énoncés au chapitre VI du présent titre.

498. La donation par contrat de mariage en faveur des époux et des enfants à naître de leur mariage, pourra être faite à condition de payer indistinctement toutes les dettes et charges de la succession du donateur, ou sous d'autres conditions.

499. Les donations faites par contrat de mariage ne pourront être attaquées, ni déclarées nulles, sous prétexte du défaut d'acceptation.

500. Toute donation faite en faveur du mariage sera caduque, si le mariage ne s'ensuit pas.

501. Toutes donations faites aux époux par leur contrat de mariage seront, lors de l'ouverture de la succession du donateur, réductibles à la portion dont la loi lui permettait de disposer.

§ 10. — *Des Dispositions entre époux, soit par contrat de mariage, soit pendant le mariage*

502. Les époux pourront, par contrat de mariage, se faire réciproquement, ou l'un des deux à l'autre, telle donation qu'ils jugeront à propos, sous les modifications ci-après exprimées.

503. Le mineur ne pourra, par contrat de mariage, donner à l'autre époux, soit par donation simple, soit par donation réciproque, qu'avec le consentement et l'assistance de ceux dont le consentement est requis pour la validité de son mariage; et, avec ce consentement, il pourra donner tout ce que la loi permet à l'époux majeur de donner à l'autre conjoint.

504. Toutes donations faites entre époux pendant le mariage, quoique qualifiées entre vifs, seront toujours révocables. — La révocation pourra être faite par la femme, sans y être autorisée par le mari ni par justice. — Ces donations ne seront point révoquées par la survenance d'enfants.

CHAPITRE XI

Scellés

§. Ier. — *Appositions de Scellés*

505. Cette mesure a pour objet d'assurer dans certains cas, la conservation d'effets mobiliers, titres, papiers, bijoux etc., qu'il serait facile de détourner en l'absence des intéressés.

506. Le scellé se met sur les secrétaires, armoires, commodes, placards, coffres, papiers, portes des appartements, etc.

§ 2. — *Cas où l'apposition peut et doit avoir lieu*

507. L'apposition a lieu : 1° Après le décès ;

Si le défunt ne laisse ni parents, ni enfants naturels ;

Si tous les héritiers ne sont pas présents ;

S'il y a parmi eux des mineurs interdits ;

S'il y a un conjoint survivant ;

S'il y a des créanciers qui aient titres exécutoires ou permission de juge ;

2° En cas de faillite ; 3° quand un individu disparait et qu'il n'y a personne pour veiller à la conservation de ses effets et papiers ; 4° Lors d'une demande en interdiction, quand il n'y a personne près du défendeur pour veiller à la conservation de ses effets ; 5° Lorsqu'une personne célibataire, vivant seule, a été, par mesure de police, et comme présumée atteinte d'aliénation mentale, enlevée de son domicile; 6° Dans le cas de demande en divorce, en séparation de corps ou de biens; 7° quand sur une saisie exécution, il est trouvé des papiers en la demeure du saisi absent; 8° En cas de dissolution de société; 9° Lorsqu'un particulier étant arrêté comme prévenu d'un crime, par ordre de justice, ses meubles et effets se trouvent à la merci de ses domestiques ou d'étrangers; 10° Lorsque le décédé était, dépositaire public, officier général ou officier supérieur de toute arme, intendant, etc.; Lorsqu'enfin le décédé était titulaire d'une cure, évêque ou archevêque.

§ 3. — *De ceux qui ont droit de réquérir l'apposition des scellés*

508. 1° Les ayant-droit dans la succession ou dans la communauté;

2° Les créanciers fondés en titre exécutoire, autorisés par une permission, soit du président du tribunal de première instance, soit du juge de paix du canton où le scellé doit être apposé;

3° Les personnes qui demeuraient avec le défunt, ou les serviteurs et domestiques;

4° Les prétendants-droit et les créanciers mineurs émancipés, qui peuvent requérir l'apposition des scellés sans l'assistance de leur curateur;

5° Les parents du mineur, si celui-ci est mineur non émancipé, et s'il n'a pas de tuteur ou s'il est absent.

509. Si, lors de l'apposition, il est trouvé un testament ou autres papiers cachetés, le juge de paix en constatera la forme extérieure, le sceau et la suscription s'il y en a, paraphera l'enveloppe avec les parties présentes, si elle le savent ou le peuvent, et indiquera les jour et heure où le paquet sera par lui présenté au président du tribunal de première instance; il fera mention du tout sur son procès-verbal, lequel sera signé des parties, sinon mention sera faite de leur refus.

510. Sur la requisition de toute partie intéressée, le juge de paix fera avant l'apposition du scellé, la perquisition du testament dont l'existence sera annoncée; et s'il le trouve, il procèdera ainsi qu'il est dit ci-dessus.

511. Si les portes sont fermées, s'il se rencontre des obstacles à l'apposition des scellés, s'il s'élève, soit avant, soit pendant le scellé, des difficultés, il y sera statué en référé par le président du tribunal. A cet effet, il sera sursis, et établi par le juge de paix garnison extérieure, même intérieure, si le cas y échet.

§ 4. — *Oppositions à la levée des scellés*

512 Les oppositions à la levée des scellés sont des actes conservatoires par lesquels toute personne prétendant droit dans la succession demande que la levée des scellés soit différée, et qu'on n'y procède qu'en sa présence.

513. Les oppositions aux scellés pourront être faites, soit par une déclaration sur le procès-verbal de scellé, soit par exploit signifié au greffier du juge de paix.

§ 5. — *De la levée du scellée*

514. Le scellé ne pourra être levé et l'inventaire fait que trois jours après l'inhumation s'il a été apposé auparavant, et trois jours après l'apposition si elle a été faite depuis l'inhumation, à peine de nullité des procès-verbaux de levée de scellés et inventaires, et des dommages et intérêts contre ceux qui les auront faits et requis : le tout, à moins que, pour des causes urgentes et dont il serait fait mention dans son ordonnance, il n'en soit autrement ordonné par le président du tribunal de première instance. Dans ce cas, si les parties qui ont droit d'assister à la levée, ne sont pas présentes, il sera appelé pour elles, tant à la levés qu'à l'inventaire, un notaire nomme d'office par le président.

515. Si les héritiers ou quelques-uns d'eux sont mineurs non émancipés, il ne sera pas procédé à la levée des scellés, qu'ils n'aient été, ou préalablement pourvus de tuteur, ou émancipés.

516. Tous ceux qui ont droit de faire apposer les scellés, pourront en requérir la levée, excepté ceux qui ne les ont fait apposer qu'en exécution du numéro ci-dessus.

§ 7. — *Droits de succession*

517. En ligne directe : meubles et immeubles, 1 fr. 25 p. 0/0, y compris les décimes.

518. Entre époux : meubles et immeubles, 3 fr. 75 p. 0/0, y compris les décimes.

519 Entre frères et sœurs, neveux et nièces, oncles et tantes : *meubles* et *immeubles*, 6 fr. 50 c. p. 0/0.

520. Entre grands-oncles, grand'tantes, petits-neveux et petites-nièces, cousins germains : *meubles* et *immeubles*, 7 p. 0/0, y compris, les décimes.

521. Entre parents au delà du 4e degré et jusqu'au 12e : *meubles* et *immeubles*, 10 p. 0/0 y compris les décimes.

522. Entre personnes non parentes : *meubles* et *immeubles*, 10 fr. 25 p. 0/0, y compris les décimes.

523. Nota : Les enfants naturels, l'époux survivant et les alliés sont considérés comme personnes non parentes pour le paiement des droits de succession.

§ 7. — *Déclarations des successions*

524. Les délais pour les déclarations des successions, sont de six mois, à compter du jour de décès, sous peine d'une amende d'un demi droit en sus.

TITRE QUATRIÈME

DROITS CIVILS

525. Les droits civils sont les droits dont les citoyens jouissent entre eux, et qui leur sont garantis par la loi civile. Les principaux sont le droit de puissance paternelle ou maritale, tous les droits de famille, ceux d'être nommé tuteur, de succéder, de disposer de ses biens et d'en recevoir par donation entre vifs et par testament, ceux de contracter mariage, de porter témoignage en justice, d'être témoin dans un acte solennel ou authentique et ceux de procéder en justice en demandant ou en défendant (voir ci-dessus).

Droits politiques

526. Les droits politiques sont ceux dont les citoyens jouissent par rapport au gouvernement, et qui leur permettent de participer à la puissance publique : savoir : de voter dans les assemblées électorales, d'être élus et admissibles à tous les emplois, à toutes les dignités, d'être jurés et du droit de port d'armes (voir ci-dessous).

Liberté individuelle

527. Seront punis de la peine des travaux forcés à temps, ceux qui, sans ordre des autorités constituées et hors les cas où la loi ordonne de saisir des prévenus, auront arrêté, détenu ou séquestré des personnes quelconques. — Quiconque aura prêté un lieu pour exécuter la détention ou séquestration, subira la même peine.

528. Si la détention ou séquestration a duré plus d'un mois, la peine sera celle des travaux forcés à perpétuité.

529. La peine sera réduite à l'emprisonnement de deux ans à cinq ans, si les coupables des délits mentionnés au numéro 527, non encore poursuivis de fait, ont rendu la liberté à la personne arrêtée, séquestrée ou détenue, avant le dixième jour accompli depuis celui de l'arrestation, détention ou séquestration. Ils pourront néanmoins être renvoyés sous la surveillance de la haute police, depuis cinq ans jusqu'à dix ans.

530. Dans chacun des deux cas suivants :

1° Si l'arrestation a été exécutée avec le faux costume, sous un faux nom ou sur un faux ordre de l'autorité publique ;

2° Si l'individu arrêté, détenu ou séquestré a été menacé de la mort :

Les coupables seront punis des travaux forcés à perpétuité.

Mais la peine sera celle de la mort, si les personnes arrêtées, détenues ou séquestrées, ont été soumises à des tortures corporelles.

531. Nul gardien ne pourra, à peine d'être poursuivi et puni comme coupable de détention arbitraire, recevoir ni retenir aucune personne qu'en vertu soit d'un mandat de dépôt, soit d'un mandat d'arrêt décerné selon les formes prescrites par la loi, soit d'un arrêt de renvoi devant une Cour d'assises, d'un décret d'accusation ou d'un arrêt ou jugement de condamnation à peine afflictive ou à un emprisonnement, et sans que transcription en ait été faite sur son registre.

532. En exécution de l'acte des constitutions du 22 frimaire, an VIII, quiconque aura connaissance qu'un individu est détenu dans un lieu qui n'a pas été destiné à servir de maison d'arrêt, de justice ou de prison, est tenu d'en donner avis au juge de paix, au procureur de la République ou à son substitut, ou au juge d'instruction ou au procureur général près la Cour d'appel.

Liberté de réunion

(Loi du 30 juin 1881)

533. Les réunions publiques sont libres.

Elles peuvent avoir lieu sans autorisation préalable, sous les conditions prescrites par les articles suivants :

534. Toute réunion publique sera précédée d'une déclaration indiquant le lieu, le jour, l'heure de la réunion. Cette déclaration sera signée par deux personnes au moins dont l'une domiciliée dans la commune où la réunion doit avoir lieu.

Les déclarants devront jouir de leurs droits civils et politiques et la déclaration indiquera leurs noms, qualités et domiciles.

Les déclarations sont faites : à Paris, au préfet de police ; dans les chefs-lieux de département, au préfet ; dans les chefs-lieux d'arrondissement, au sous-préfet, et dans les autres communes, au maire

Il sera donné immédiatement récépissé de la déclaration.

Dans le cas où le déclarant n'aurait pu obtenir de récépissé, l'empêchement ou le refus pourra être constaté par acte extrajudiciaire ou par attestation signée de deux citoyens domiciliés dans la commune.

Le récépissé ou l'acte qui en tiendra lieu, constatera l'heure de la déclaration.

La réunion ne peut avoir lieu qu'après un délai d'au moins vingt-quatre heures.

535. Ce délai sera réduit à 2 heures pour les réunions publiques électorales prévues au n° 537, lorsqu'elles seront tenues dans la période comprise entre le décret ou l'arrêté portant convocation du collège électoral et le jour de l'élection exclusivement.

La réunion pourra avoir lieu le jour même du vote s'il s'agit d'élections comportant plusieurs tours de scrutin dans la même journée.

La réunion pourra alors suivre immédiatement la déclaration.

536. La déclaration fera connaître si la réunion a pour but une conférence, une discussion publique, ou si elle doit constituer une réunion électorale prévue par l'article suivant.

537. La réunion électorale est celle qui a pour but le choix ou l'audition de candidats à des fonctions publiques électives, et à laquelle ne peuvent assister que les électeurs de la circonscription, les candidats, les membres des deux Chambres et le mandataire de chacun des candidats.

538. Les réunions ne peuvent être tenues sur la voie publique ; elles ne peuvent se prolonger au-delà de 11 heures du soir ; cependant, dans les localités où la fermeture des établissements publics a lieu plus tard, elles pourront se prolonger jusqu'à l'heure fixée pour la fermeture de ces établissements.

539 Les Clubs demeurent interdits.

540. Chaque réunion doit avoir un bureau composé de trois personnes au moins. Le bureau est chargé de maintenir l'ordre d'empêcher toute infraction aux lois, de conserver à la réunion le caractère qui lui a été donné par la déclaration ; d'interdire tout discours contraire à l'ordre public et aux bonnes mœurs, ou contenant provocation à un acte qualifié crime ou délit. A défaut de désignation par les signataires de la déclaration, les membres du bureau seront élus par l'assemblée. Les membres du bureau et jusqu'à la formation du bureau, les signataires de la déclaration, sont responsables des infractions aux prescriptions de la présente loi

541. Un fonctionnaire de l'ordre administratif ou judiciaire peut être délégué : à Paris, par le préfet de police, et dans les départements, par le préfet, le sous-préfet ou le maire, pour assister à cette réunion. Il choisit sa place. Toutefois, le droit de dissolution ne devra être exercé par le représentant de l'autorité que s'il en est requis par le bureau, ou s'il se produit des collisions et voies de fait.

542. Toute infraction aux dispositions de la présente loi sera punie des peines de simple police sans préjudice des poursuites pour crimes et délits qui pourraient être commis dans les réunions.

543. La présente loi est applicable aux colonies représentées au Parlement.

Abus d'autorité

544. L'abus d'autorité est la violation du devoir imposé à tout dépositaire ou agent de l'autorité publique.

545. Les abus contre les particuliers comprennent :

1° *La Violation de domicile*

546. Tout fonctionnaire de l'ordre administratif ou judiciaire, tout officier de justice ou de police, tout commandant ou agent de la force publique, qui, agissant en sadite qualité, se sera introduit dans le domicile d'un citoyen contre le gré de celui-ci, hors les cas prévus par la loi et sans les formalités qu'elle a prescrites, sera puni d'un emprisonnement de six jours à un an, et d'une amende de seize francs à cinq cents francs.

547. Tout individu qui se sera introduit, à l'aide de menaces ou de violences, dans le domicile d'un citoyen, sera puni d'un emprisonnement de six jours à trois mois et d'une amende de seize francs à deux cents francs.

548. Aux termes de l'art. 76 de la constitution de l'an VIII, nul n'a le droit de pénétrer, pendant la nuit, dans le domicile d'un citoyen, que dans le cas d'incendie, d'inondation, ou de réclamation venant de l'intérieur de la maison, ou d'un crime flagrant, hors ces cas l'habitation privée est inviolable pendant la nuit.

549 Le temps de nuit est, du 1er octobre au 31 mars, depuis 6 heu-

res du matin jusqu'à 6 heures du soir, du 1er avril au 30 septembre, depuis 4 heures du matin jusqu'à 9 heures du soir.

2° *Le déni de justice*

550. Tout juge ou tribunal, tout administrateur ou autorité administrative, qui, sous quelque prétexte que ce soit, même du silence ou de l'obscurité de la loi, aura dénié de rendre la justice qu'il doit aux parties, après en avoir été requis, et qui aura persévéré dans son déni, après avertissement ou injonction de ses supérieurs, pourra être poursuivi, et sera puni d'une amende de deux cents francs au moins et de cinq cents francs au plus, et de l'interdiction de l'exercice des fonctions publiques depuis cinq ans jusqu'à vingt ans.

3° *Les violences envers les personnes.*

551. Lorsqu'un fonctionnaire ou un officier public, un administrateur, un agent ou un préposé du gouvernement ou de la police, un exécuteur des mandats de justice ou jugements, un commandant en chef ou en sous-ordre de la force publique, aura, sans motif légitime, usé ou fait user de violences envers les personnes, dans l'exercice de ses fonctions, il sera puni selon la nature et la gravité de ces violences.

4° *La violation de secret des lettres.*

552 Toute suppression, toute ouverture de lettres confiées à la poste, commise ou facilitée par un fonctionnaire ou un agent du gouvernement ou de l'administration des postes, sera puni d'une amende de seize francs à cinq-cents francs, et d'un emprisonnement de trois mois à cinq ans. Le coupable sera de plus interdit de toute fonction ou emploi public pendant cinq ans au moins et dix ans au plus.

Dégradation civique

553. La condamnation à la peine des travaux forcés à temps, de la détention, de la réclusion ou du bannissement, emportera la dégradation civique. La dégradation civique sera encourue du jour où la condamnation sera devenue irrévocable, et, en cas de condamnation par contumace, du jour de l'exécution par effigie.

554. Quiconque aura été condamné à la peine des travaux forcés à temps, de la détention ou de la réclusion, sera de plus, pendant la durée de sa peine, en état d'interdiction légale ; il lui sera nommé un tuteur et un surbrogé-tuteur pour gérer et administrer ses biens, dans les formes prescrites pour les nominations des tuteurs et des subrogés-tuteurs aux interdits.

555. La dégradation civique consiste :

1° Dans la destitution et l'exclusion des condamnés de toutes fonctions, emplois ou offices publics;

2° Dans la privation du droit de vote, d'élection, d'éligibilité, et, en général, de tous les droits civiques et politiques, et du droit de porter aucune décoration ;

3° Dans l'incapacité d'être juré, expert, d'être employé comme témoin dans les actes, et de déposer en justice autrement que pour y donner de simples renseignements ;

4° Dans l'incapacité de faire partie d'aucun conseil de famille et d'être tuteur, curateur, subrogé-tuteur, ou conseil judiciaire, si ce n'est de ses propres enfants, et sur l'avis conforme de sa famille.

5° Dans la privation du droit de port d'armes, du droit de faire partie de la garde nationale, de servir dans les armées françaises, de tenir école ou d'enseigner et d'être employé dans aucun établissement d'instruction à titre de professeur, maître ou surveillant.

556. Les tribunaux jugeant correctionnellement pourront, dans certains cas, interdire en tout ou en partie l'exercice des droits civiques, civils et de famille suivants :

1° De vote et d'élection ;

2° D'éligibilité ;

3° D'être appelé ou nommé aux fonctions de jurés ou autres fonctions publiques, ou aux emplois de l'administration, ou d'exercer ces fonctions ou emplois ;

4° De port d'armes ;

5° De vote et de suffrage dans les délibérations de famille ;

6° D'être tuteur, curateur, si ce n'est de ses enfants et sur l'avis seulement de la famille ;

7° D'être expert ou employé comme témoin dans les actes ;

8° De témoignage en justice, autrement que pour y faire de simples déclarations ;

Réhabilitation

(Loi du 14 août 1885).

557. La réhabilitation est l'acte par lequel un condamné qui a subi sa peine est rétabli dans son état primitif et rendu habile à exercer les droits dont il était devenu incapable.

558. Tout condamné à une peine afflictive ou infamante ou à une peine correctionnelle, qui a subi sa peine, ou qui a obtenu des lettres de grâce, peut être réhabilité.

559. La demande en réhabilitation pour les condamnés à une peine afflictive ou infamante ne peut être formée que cinq ans après le jour de leur libération. Néanmoins ce délai court, au profit des condamnés à la dégradation civique du jour où la condamnation est devenue irrévocable ou de celui de l'expiration de la peine de l'emprisonnement, si elle a été prononcée. Il court, au profit du condamné à la surveillance de la haute police prononcée comme peine principale, du jour où la condamnation est devenue irrévocable. Le délai est réduit à trois ans pour les condamnés à une peine correctionnelle.

560. Le condamné à une peine afflictive ou infamante ne peut être admis à demander sa réhabilitation, s'il n'a résidé dans le même arrondissement depuis cinq années et pendant les deux dernières dans la même commune. Le condamné à une peine correctionnelle ne peut être admis à demander sa réhabilitation s'il n'a résidé dans le même arrondissement depuis trois années, et pendant les deux dernières dans la même commune.

561. Le condamné adresse la demande en réhabilitation au Pro-

cureur de la République de l'arrondissement en faisant connaitre : 1° la date de sa condamnation ; 2° les lieux où il a résidé depuis sa libération.

562. Il doit, sauf le cas de prescription, justifier du payement des frais de justice, de l'amende, et de dommages-intérêts auxquels il a pu être condamné, ou de la remise qui lui en a été faite A défaut de cette justification, il doit établir qu'il a subi le temps de contrainte par corps déterminé par la loi, ou que la partie lésée a renoncé à ce moyen d'exécution. S'il est condamné pour banqueroute frauduleuse, il doit justifier du payement du passif de la faillite, en capital, intérêts et frais, ou de la remise qui lui en a été faite. — Néanmoins, si le demandeur justifie qu'il est hors d'état de se libérer des frais de justice, la cour peut accorder la réhabilitation même dans le cas ou ces frais n'auraient pas été payés ou ne l'auraient été qu'en partie

LOIS CONSTITUTIONNELLES

relatives à l'organisation des pouvoirs publics, du Sénat et de la Chambre des Députés.

Organisation des pouvoirs publics.

(Lois des 25 février 1875 et 22 juillet 1879)

563 Le pouvoir législatif s'exerce par deux assemblées : la Chambre des Députés et le Sénat La Chambre des Députés est nommée par le suffrage universel, les conditions déterminées par la loi électorale. La composition, le mode de nomination et les attributions du Sénat sont réglés par une loi spéciale.

564. Le Président de la République est élu à la majorité absolue des suffrages par le Sénat et par la Chambre des Députés réunis en Assemblée nationale.

565. Il est nommé pour sept ans ; il est rééligible

566. Le Président de la République a l'initiative des lois, concurremment avec les membres des deux Chambres.

567. Il promulgue les lois lorsqu'elles ont été votées par les deux Chambres, il en surveille et en assure l'exécution.

Il a le droit de faire grâce ; les amnisties ne peuvent être accordées que par une loi.

Il dispose de la force armée.

Il nomme à tous les emplois civils et militaires

Il préside aux solennités nationales ; les envoyés et les ambassadeurs des puissances étrangères sont accrédités auprès de lui.

568. Chacun des actes du Président de la République doit être contresigné par un ministre.

569. Au fur et à mesure des vacances qui se produiront à partir de la promulgation de la présente loi, le Président de la République, nomme, en Conseil des ministres, les conseillers d'Etat en service ordinaire.

Les conseillers d'Etat ainsi nommés ne pourront être révoqués que par décision prise en conseil des ministres.

Les conseillers d'Etat nommés en vertu de la loi du 24 mai 1872 ne pourront, jusqu'à l'expiration de leurs pouvoirs, être révoqués que dans la forme déterminée par cette loi.

Après la séparation de l'Assemblée nationale, la révocation ne pourra être prononcée que par une résolution du Sénat.

570. Le Président de la République peut, sur l'avis conforme du Sénat, dissoudre la Chambre des députés avant l'expiration légale de son mandat.

En ce cas, les collèges électoraux sont convoqués pour de nouvelles élections, dans le délai de trois mois.

571. Les ministres sont solidairement responsables devant les Chambres de la politique générale du gouvernement, et individuellement de leurs actes personnels.

572. Le Président de la République n'est responsable que dans le cas de haute trahison.

573. En cas de vacance par décès ou par toute autre cause, les deux Chambres réunies procèderont immédiatement à l'élection d'un nouveau président.

Dans l'intervalle, le conseil des ministres est investi du pouvoir exécutif.

574. Les Chambres auront le droit, par délibérations séparées, prises dans chacune à la majorité absolue des voix, soit spontanément, soit sur la demande du Président de la République, de déclarer qu'il y a lieu de réviser les lois constitutionnelles.

Après que chacune des deux Chambres aura pris cette résolution, elles se réuniront en Assemblée nationale pour procéder à la révision.

Les délibérations portant révision des lois constitutionnelles, en tout ou en partie, devront être prises à la majorité absolue des membres composant l'Assemblée nationale.

575. Le siège du Pouvoir exécutif et des deux Chambres est à Paris. Toutefois l'Assemblée nationale se réunit à Versailles.

Lois sur les rapports des pouvoirs publics

(16 juillet 1875),

576 Le Sénat et la Chambre des Députés se réunissent chaque année le second mardi de janvier, à moins d'une convocation antérieure faite par le Président de la République.

577. Les deux Chambres doivent être réunies en session cinq mois au moins chaque année. La session de l'une commence et finit en même temps que celle de l'autre.

Le Président de la République prononce la clôture de la session. Il a le droit de convoquer extraordinairement les Chambres Il devra les convoquer si la demande en est faite, dans l'intervalle des sessions, par la majorité absolue des membres composant chaque Chambre.

578. Le Président peut ajourner les Chambres. Toutefois, l'ajournement ne peut excéder le terme d'un mois. ni avoir lieu plus de deux fois dans la même session.

579. Un mois au moins avant le terme légal des pouvoirs du Président de la République, les Chambres devront être réunies en Assemblée nationale pour procéder à l'élection du nouveau Président.

A défaut de convocation, cette réunion aurait lieu de plein droit le quinzième jour avant l'expiration de ces pouvoirs.

580. En cas de décès ou de démission du Président de la République, les deux Chambres se réunissent immédiatement et de plein droit.

Dans le cas où la Chambre des députés se trouverait dissoute au moment où la Présidence de la République deviendrait vacante, les collèges électoraux seraient aussitôt convoqués, et le Sénat se réunirait de plein droit.

581. L'Assemblée réunie en 1884 a décidé que la forme républicaine du gouvernement ne peut faire l'objet d'une proposition de révision, que les membres des familles ayant régné sur la France sont inéligibles à la Présidence de la République. Elle a, en outre, abrogé

l'article prescrivant des prières publiques lors de la rentrée des Chambres.

582. Toute assemblée de l'une des deux Chambres qui serait tenue hors du temps de la session commune est illicite et nulle de plein droit, sauf le cas prévu par l'article précédent et celui où le Sénat est réuni comme Cour de justice ; et, dans ce dernier cas, il ne peut exercer que des fonctions judiciaires.

583. Les séances du Sénat et celles de la Chambre des députés sont publiques.

Néanmoins, chaque Chambre peut se former en comité secret, sur la demande d'un certain nombre de ses membres, fixé par le règlement.

Elle décide ensuite, à la majorité absolue, si la séance doit être reprise en public sur le même sujet.

584. Le Président de la République communique avec les Chambres par des messages qui sont lus à la tribune par un ministre.

Les ministres ont leur entrée dans les deux Chambres et doivent être entendus quand ils le demandent. Ils peuvent se faire assister par des commissaires désignés, pour la discussion d'un projet de loi déterminé, par décret du Président de la République.

585. Le Président de la République promulgue les lois dans le mois qui suit la transmission au Gouvernement de la loi définitivement adoptée. Il doit promulguer dans les trois jours les lois dont la promulgation, par un vote exprès dans l'une et l'autre Chambre, aura été déclarée urgente.

Dans le délai fixé pour la promulgation, le Président de la République peut, par un message motivé, demander aux deux Chambres une nouvelle délibération qui ne peut être refusée.

586. Le Président de la République négocie et ratifie les traités. Il en donne connaissance aux Chambres aussitôt que l'intérêt et la sûreté de l'Etat le permettent.

Les traités de paix, de commerce, les traités qui engagent les finances de l'Etat, ceux qui sont relatifs à l'état des personnes et au droit de propriété des Français à l'étranger, ne sont définitifs qu'après avoir été votés par les deux Chambres. Nulle cession, nul échange, nulle adjonction de territoire ne peut avoir lieu qu'en vertu d'une loi.

587. Le Président de la République ne peut déclarer la guerre sans l'assentiment préalable des deux Chambres.

588 Chacune des Chambres est juge de l'éligibilité de ses membres et de la régularité de leur élection ; elle peut seule recevoir leur démission.

589 Le bureau de chacune des deux Chambres est élu chaque année pour la durée de la session et pour toute session extraordinaire qui aurait lieu avant la session ordinaire de l'année suivante.

590. Lorsque les deux Chambres se réunissent en Assemblée nationale, leur bureau se compose des président, vice-présidents et secrétaires du Sénat.

591. Le Président de la République ne peut être mis en accusation que par la Chambre des députés et ne peut être jugé que par le Sénat,

592. Les ministres peuvent être mis en accusation par la Chambre des députés pour crimes commis dans l'exercice de leurs fonctions. En ce cas, ils sont jugés par le Sénat.

593. Le Sénat peut être constitué en Cour de justice par un décret du Président de la République, rendu en Conseil des ministres, pour juger toute personne prévenue d'attentat commis contre la sûreté de l'État.

Si l'instruction est commencée par la justice ordinaire, le décret de convocation du Sénat peut être rendu jusqu'à l'arrêt de renvoi.

594. Une loi déterminera le mode de procéder pour l'accusation' l'instruction et le jugement.

595. Aucun membre de l'une ou de l'autre Chambre ne peut être poursuivi ou recherché à l'occasion des opinions ou votes émis par lui dans l'exercice de ses fonctions.

596. Aucun membre de l'une ou de l'autre Chambre ne peut, pendant la durée de la session, être poursuivi ou arrêté en matière criminelle ou correctionnelle qu'avec l'autorisation de la Chambre dont il fait partie, sauf le cas de flagrant délit.

597. La détention ou la poursuite d'un membre de l'une ou de l'autre Chambre est suspendue pendant la session, et pour toute sa durée, si la Chambre le requiert.

Organisation du Sénat

(Loi du 24 février 1875)

598. Le Sénat se compose de 300 membres :

Élus par les départements et les colonies et 75 élus par l'Assemblée nationale. (Aujourd'hui ils sont tous élus par les départements et les colonies. — Loi du 10 décembre 1884).

599. Nul ne peut être sénateur s'il n'est français, âgé de quarante ans au moins et s'il ne jouit de ses droits civils et politiques.

600. Les sénateurs sont élus à la majorité absolue, et, quand il y a lieu, au scrutin de liste, par un collège réuni au chef-lieu du département ou de la colonie et composé :

1° des députés ;

2° des conseillers généraux ;

3° des conseillers d'arrondissements ;

4° des délégués élus, un par chaque conseil municipal parmi les électeurs de la commune.

601. Dans l'Inde française, les membres du conseil colonial ou des conseils locaux sont substitués aux conseillers généraux, aux conseillers d'arrondissement et aux délégués des conseils municipaux.

Ils votent au chef-lieu de chaque établissement

602. Les sénateurs sont élus au scrutin de liste et à la majorité absolue des suffrages.

603. Les sénateurs des départements et des colonies sont élus pour neuf années et renouvelables par tiers tous les trois ans.

604. Au début de la première session, les départements seront divisés en trois séries contenant chacune un nombre égal de sénateurs. Il sera procédé par la voie du tirage au sort à la désignation des séries qui devront être renouvelées à l'expiration de la première et de la deuxième période triennale.

605. Les sénateurs élus par l'Assemblée sont inamovibles.

En cas de vacance par décès, démission ou autre cause, il sera, dans les deux mois, pourvu au remplacement.

606. Le Sénat a, concurremment avec la Chambre des députés, l'i-

nitiative et la confection des lois. Toutefois, les lois de finances doivent être, en premier lieu, présentées à la Chambre des députés et votées par elle.

607. Le Sénat peut être constitué en Cour de justice pour juger soit le Président de la République, soit les ministres, et pour connaître des attentats commis contre la sûreté de l'Etat.

608 Il sera procédé à l'élection du Sénat un mois avant l'époque fixée par l'Assemblée nationale pour sa séparation. Le Sénat entrera en fonctions et se constituera le jour même où l'Assemblée nationale se séparera.

609. La présente loi ne pourra être promulguée qu'après le vote définitif de la loi sur les pouvoirs publics.

Protestations

(Loi organique du 2 août 1875).

610. Tout électeur de la commune peut, dans un délai de trois jours, adresser directement au Préfet une protestation contre la régularité de l'élection.

Chambre des Députés

(Loi organique du 30 novembre 1875).

611. Les députés seront nommés par les électeurs inscrits sur la liste dressée en exécution de la loi du 5 avril 1884.

612. Les militaires et assimilés de tous grades et toutes armes des armées de terre et de mer ne prennent part à aucun vote quand ils sont présents à leur corps, à leur poste, ou dans l'exercice de leurs fonctions. Ceux qui, au moment de l'élection, se trouvent en résidence libre en non-activité ou en possession d'un congé régulier, peuvent voter dans la commune sur les listes de laquelle ils sont régulièrement inscrits. Cette dernière disposition s'applique également aux officiers et assimilés qui sont en disponibilité ou dans le cadre de réserve.

613. Le scrutin ne durera qu'un seul jour. Le vote a lieu au chef-lieu de la commune ; néanmoins chaque commune peut-être divisée, par arrêté du Préfet, en autant de sections que l'exigent les circonstances locales et le nombre des électeurs. Le second tour de scrutin continuera d'avoir lieu le deuxième dimanche qui suit le jour de la proclamation du résultat du premier scrutin, conformément aux dispositions de l'article 65 de la loi du 15 mars 1849.

614. Les opérations du vote auront lieu conformément aux dispositions des décret organique et règlementaire du 2 février 1852.

615. Le vote est secret.

616. Les listes d'émargement de chaque section, signées du président et du secrétaire, demeureront déposées pendant la huitaine au secrétariat de la mairie, où elles seront communiquées à tout électeur requérant.

617. Tout électeur est éligible, sans condition de cens, à l'âge de vingt-cinq ans accomplis.

618. Aucun militaire ou marin faisant partie des armées actives de

terre ou de mer ne pourra, quels que soient son grade ou ses fonctions, être élu membre de la Chambre des députés.

619. L'exercice des fonctions publiques rétribuées sur les fonds de l'Etat est incompatible avec le mandat de député, sauf les exceptions prévues par ladite loi.

620. Tout mandat impératif est nul et de nul effet.

621 Les députés sont élus pour quatre ans.

622. La Chambre se renouvelle intégralement.

623. En cas de vacance par décès, démission ou autrement, l'élection devra être faite dans le délai de trois mois à partir du jour où la vacance se sera produite. En cas d'option, il est pourvu à la vacance dans le délai d'un mois.

624. Les députés reçoivent une indemnité.

Cette indemnité est réglée par les articles 96 et 97 de la loi du 15 mars 1849 et par les dispositions de la loi du 16 février 1872.

625. Nul n'est élu au premier tour de scrutin s'il n'a réuni :

1° La majorité absolue des suffrages exprimés ;

2° Un nombre de suffrages égal au quart des électeurs inscrits.

626. Au deuxième tour, la majorité relative suffit. En cas d'égalité de suffrage, le plus âgé est élu.

Scrutin de liste

(Loi du 16 juin 1885).

627. Les membres de la Chambre des députés sont élus au scrutin de liste.

628. Chaque département élit le nombre de députés qui lui est attribué par le tableau annexé à la présente loi, à raison d'un député par soixante-dix mille habitants, les étrangers non compris. Néanmoins il sera tenu compte de toute fraction inférieure à soixante-dix mille.

629. Chaque département élit au moins trois députés.

630. Il est attribué deux députés au territoire de Belfort, six à l'Algérie et dix aux colonies, conformément aux indications du tableau.

Ce tableau ne pourra être modifié que par une loi.

631. Le département forme une seule circonscription.

632. Les membres des familles qui ont régné sur la France sont inéligibles à la Chambre des députés.

633. Nul n'est élu au premier tour de scrutin s'il n'a réuni :

1° La majorité absolue des suffrages exprimés ;

2° Un nombre de suffrages égal au quart du nombre des électeurs inscrits.

634. Au deuxième tour, la majorité relative suffit.

635. En cas d'égalité de suffrages, le plus âgé des candidats est élu.

636. Sauf le cas de dissolution prévu et réglé par la Constitution, les élections générales ont lieu dans les soixante jours qui précèdent l'expiration des pouvoirs de la Chambre des députés.

637. Il n'est pas pourvu aux vacances survenues dans les six mois qui précèdent le renouvellement de la Chambre.

638. La présente loi délibérée et adoptée par le Sénat et par la Chambre des députés sera exécutée comme loi de l'Etat.

Incompatibilités

(Sénat et Chambre des Députés).

639. Ne peuvent être élus par le département, ou l'arrondissement compris en tout ou en partie dans leur ressort, pendant l'exercice de leurs fonctions et pendant les six mois qui suivent la cessation de leurs fonctions par démission, destitution, changement de résidence ou de toute autre manière :

1° Les premiers présidents, les présidents et les membres des parquets des cours d'appel ;

2° Les présidents, les vice-présidents, les juges d'instruction et les membres des parquets des tribunaux de première instance ;

3° Le préfet de police, les préfets, les sous-préfets et les secrétaires généraux des préfectures ; les gouverneurs, directeurs de l'intérieur et secrétaires généraux des colonies ;

4° Les ingénieurs en chef et d'arrondissement, et les agents-voyers en chef et d'arrondissement ;

5° Les recteurs et inspecteurs d'académie ;

6° Les inspecteurs d'écoles primaires ;

7° Les archevêques, évêques et vicaires généraux ;

8° Les officiers de tous grades de l'armée de terre et de mer ;

9° Les intendants divisionnaires et les sous-intendants militaires; (incompatibilité pour le Sénat seulement 8 et 9).

10° Les trésoriers-payeurs généraux et les receveurs particuliers des finances ;

11° Les directeurs des contributions directes et indirectes, de l'enregistrement et des domaines et des postes ;

12° Les conservateurs et inspecteurs des forêts.

Conseils généraux

(Loi du 10 août 1871).

640. Chaque canton du département élit un membre du Conseil général.

641. Sont éligibles au Conseil général tous les citoyens inscrits sur une liste d'électeurs ou justifiant qu'ils devaient y être inscrits avant le jour de l'élection, âgés de vingt-cinq ans accomplis, qui sont domiciliés dans le département et ceux qui, sans y être domiciliés, y sont inscrits au rôle d'une des quatre contributions directes au 1er janvier de l'année dans laquelle se fait l'élection, ou justifiant qu'ils devaient y être inscrits à ce jour, en ont hérité depuis la même époque d'une propriété foncière dans le département. Toutefois le nombre des conseillers généraux non domiciliés dans le département ne pourra dépasser le quart du nombre total dont le conseil doit être composé.

642. Nul n'est élu membre du conseil général au premier tour de scrutin s'il n'a réuni :

1° La majorité absolue des suffrages exprimés ;

2° Un nombre de suffrages égal au quart de celui des électeurs inscrits.

643. Au second tour de scrutin, l'élection a lieu à la majorité relative, quelque soit le nombre des votants.

644. Si plusieurs candidats obtiennent le même nombre de suffrages, l'élection est acquise au plus âgé.

645. Les conseillers généraux sont nommés pour six ans : ils sont renouvelés par moitié tous les trois ans et indéfiniment rééligibles.

646 En cas de vacance par décès. option, démission ou autres causes, les électeurs devront être réunis dans le délai de trois mois.

Refus de remplir leurs fonctions

(Loi du 7 juin 1873).

647. Tout membre d'un conseil général de département, d'un conseil d'arrondissement ou d'un conseil municipal qui, sans excuse valable, aura refusé de remplir une des fonctions qui lui sont dévolu par les lois, sera déclaré démissionnaire.

Conseils d'arrondissement

(Loi du 22 juin 1833).

648. Il y aura dans chaque arrondissement de sous-préfecture un conseil d'arrondissement composé d'autant de membres que l'arrondissement a de cantons, sans que le nombre des conseillers puisse être au-dessous de neuf. Si le nombre des cantons est inférieur à ce chiffre, le gouvernement répartira entre les cantons les plus peuplés le nombre de conseillers à élire pour complément.

649. Nul ne peut être membre de plusieurs conseils, ni d'un conseil d'arrondissement et d'un conseil général.

650. Les membres des conseils d'arrondissement sont élus pour six ans. Ils sont renouvelés par moitié tous les trois ans.

651. Sont éligibles les électeurs âgés de vingt-cinq ans au moins, domiciliés dans l'arrondissement, et les citoyens ayant atteint le même âge, qui, sans y être domiciliés, y paient une contribution directe. Néanmoins, le nombre de ces derniers ne pourra dépasser le quart desdits conseils. (Décret du 3 juillet 1848).

Incompatibilités

(Conseils généraux et d'arrondissement).

652. Ne peuvent être élus membres du conseil général :

1° Les préfets, sous-préfets, secrétaires généraux et conseillers de préfecture dans le département où ils exercent leurs fonctions ;

2° Les procureurs généraux, avocats généraux et substituts du procureur général près les cours d'appel dans l'étendue du ressort de la Cour ;

3° Les présidents, vice-présidents, juges d'instruction et membres du parquet des tribunaux de première instance dans l'arrondissement du tribunal ;

4° Les juges de paix dans leur cantons ;

5° Les généraux commandant les divisions ou subdivisions territoriales dans l'étendue de leur commandement ;

6° Les préfets maritimes, majors généraux de la marine et commissaires de l'inscription maritime dans leur département ;

7° Les commissaires et agent de police dans les cantons de leur ressort ;

8° Les ingénieurs en chef du département et les ingénieurs ordinaires d'arrondissement, dans les départements où ils exercent leurs fonctions ;

9° Les ingénieurs du service ordinaire des mines, dans les cantons de leur ressort ;

10° Les recteurs d'Académie, dans le ressort de l'Académie ;

11° Les inspecteurs d'Académie et les inspecteurs des écoles primaires dans les département où ils exerçent leurs fonctions ;

12° Les ministres des différents cultes dans les cantons de leur ressort ;

13° Les agents et comptables de tout ordre, employés à l'assiette et au recouvrement des contributions directes ou indirectes et au paiement des dépenses publiques de toute nature' dans le département où ils exerçent leurs fonctions ;

14° Les directeurs et inspecteur des postes, des télégraphes, des manufactures de tabacs, dans le département où ils exercent leurs fonctions ;

15° Les conservateurs, inspecteurs et autres agents des eaux et forêts, dans les cantons de leur ressort :

16° Les vérificateurs des poids et mesures, dans les cantons de leur ressort ;

653. Les incompatibilités ci-dessus sont applicables aux conseils d'arrondissement. (Décret du 3 juillet 1848)

Organisation municipale. — Loi du 5 avril 1844.

Formation des conseils municipaux.

---

654. Le conseil municipal se compose de 10 membres dans les communes de 500 habitants et au-dessus ;

De 12 dans celles de		501	à	1,500 habitants.
De 16	—	1,501		2,500
De 21	—	2,501		3,500
De 23	—	3,501		10,000
De 27	—	10,001		30,000
De 30	—	30,001		40,000
De 32	—	40,001		50,000
De 34	—	50,001		60,000
De 36	—	60,001		et au-dessus.

655. Dans les villes divisées en plusieurs mairies, le nombre des conseillers sera augmenté de trois par mairie.

656. L'élection des membres du conseil municipal a lieu au scrutin de liste pour tout la commune.

Néanmoins, la commune peut-être divisée en sections électorales, dont chacune élit un nombre de conseillers proportionné au chiffre des électeurs inscrits, mais seulement dans les deux cas suivants :

1° Quand elle se compose de plusieurs agglomérations d'habitants distinctes et séparées ; dans ce cas, aucune section ne peut avoir moins de deux conseillers à élire ;

2° Quand la population agglomérée de la commune est supérieure à 10.000 habitants ; dans ce cas, la section ne peut être formée de fractions de territoires appartenant à des cantons ou à des arrondissements municipaux différents.

657. Les conseillers municipaux sont élus par le suffrage direct universel.

658. Sont électeurs tous les Français âgés de vingt-un ans accomplis et n'étant dans aucun cas d'incapacité prévu par la loi.

659. La liste électorale comprend : 1° tous les électeurs qui ont leur domicile réel dans la commune ou y habitent depuis si mois au-moins ; 2° ceux qui y auront été inscrits au rôle d'une des quatre contributions directes ou au rôle des prestations en nature, et, s'ils ne résident pas dans la commune, auront déclaré vouloir y exercer leurs droits électoraux.— Seront également inscrits, aux termes du présent paragraphe, les membres de la famille des mêmes électeurs compris dans la cote de la prestation en nature, alors même qu'ils n'y sont pas personnellement portés, et les habitants qui en raison de leur âge ou de lenr santé, auront cessé d'être soumis à cet impôt ; 3° ceux qui, en vertu de l'article 2 du traité du 10 mai 1871, ont opté pour la nationalité française et déclaré fixer lour résidence dans la commune, conformément à la loi du 19 juin 1871 ; 4° ceux qui sont assujettis à une résidence obligatoire dans la commune en qualité soit de ministres des cultes reconnus par l'Etat, soit de fonctionnaires publics.

660. Seront également inscrits les citoyens qui, ne remplissant pas les conditions d'âge et de résidence ci-dessus indiquées lors de la formation des listes, les rempliront avant la clôture définitive.

L'absence de la commune résultant du service militaire ne portera aucune atteinte aux règles ci-dessus édictées pour l'inscription sur les listes électorales.

Les dispositions, concernant l'affichage, la libre distribution des bulletins, circulaires et profession de foi, les réunions publiques électorales, la communication des listes d'émargement, les pénalités et poursuites en matière législative, sont applicables aux élections municipales.

Sont également applicables aux élections municipales les paragraphes 3 et 4 de l'article 3 de la loi organique du 30 novembre 1875 sur les élections des députés (ci-après).

661. L'assemblée des électeurs est convoquée par arrêté du préfet.

662. L'arrêté de convocation est publié dans la commune quinze jours au moins avant l'élection, qui doit toujours avoir lieu un dimanche. Il fixe le local où le scrutin sera ouvert, ainsi que les heures auxquelles il doit être ouvert et fermé.

663. Nul n'est élu au premier tour de scrutin s'il n'a réuni : 1° la majorité absolue des suffrages exprimés ; 2° un nombre de suffrages égal au quart de celui des électeurs inscrits. Au deuxième tour de scrutin, l'élection a lieu à la majorité relative, quelque soit le nombre des votants. Si plusieurs candidats obtiennent le même nombre de suffrages, l'élection est acquise au plus âgé.

664. Le deuxième tour de scrutin a lieu le dimanche suivant.

665. Sont éligibles au conseil municipal, sauf les restrictions portées au dernier paragraphe du présent article et aux deux articles suivants, tous les électeurs de la commune et les citoyens inscrits au rôle des

contributions directes ou justifiant qu'ils devaient y être inscrits au 1er janvier de l'année de l'élection, âgés de vingt-cinq ans accomplis.

666. Toutefois, le nombre des conseillers qui ne résident pas dans la commune au moment de l'élection ne peut excéder le quart des membres du conseil. S'il dépasse ce chiffre, la préférence est déterminée suivant les règles posées à l'article 49.

667. Ne sont éligibles, les militaires et employés des armées de terre et de mer en activité de service.

668. Ne peuvent être conseillers municipaux :

1° Les individus privés du droit électoral ;

2° Ceux qui sont pourvus d'un conseil judiciaire ;

3° Ceux qui sont dispensés de subvenir aux charges communales et ceux qui sont secourus par les bureaux de bienfaisance ;

4° Les domestiques attachés exclusivement à la personne.

669. Ne sont pas éligibles dans le ressort où ils exerçent leurs fonctions :

1° Les préfets, sous-préfets, secrétaires généraux, conseillers de préfectures ; et, dans les colonies régies par la présente loi, les gouverneurs, directeurs de l'intérieur et les membres du conseil privé ;

2° Les commissaires et les agents de police ;

3° Les magistrats des cours d'appel et des tribunaux de première instance, à l'exception des juges-suppléants auxquels l'instruction n'est pas confiée ;

4° Les juges de paix titulaires ;

5° Les comptables des deniers communaux et les entrepreneurs de service municipaux ;

6° Les instituteurs publics ;

7° Les employés de préfecture et de sous-préfecture ;

8° Les ingénieurs et les conducteurs des ponts et chaussées, chargés du service de la voirie urbaine et vicinale, et les agents-voyers ;

9° Les ministres en exercice d'un culte légalement reconnu ;

10° Les agents salariés de la commune, parmi lesquels ne sont pas compris ceux qui, étant fonctionnaires publics ou exercant une profession indépendante, ne reçoivent une indemnité de la commune qu'à raison des services qu'ils lui rendent dans l'exercice de cette profession.

670. Les fonctions de conseiller municipal sont incomptatibles avec celles ;

1° De préfet, de sous-préfefs et de secrétaire général de préfecture ;

2° de commissaire et d'agents de police ;

3° de gouverneur, directeur de l'intérieur et de membre du conseil privé dans les colonies.

671. Les fonctionnaires désignés au présent article qui seraient élus membres d'un conseil municipal auront, à partir de la proclamation du résultat du scrutin, un délai de dix jours pour opter entre l'acceptation du mandat et la conservation de leur emploi. A défaut de déclaration adressée dans ce délai à leurs supérieurs hiérarchiques, ils seront réputés avoir opté pour la conservation dudit mploi.

672. Nul ne peut être membre de plusieurs conseils municipaux,

673. Un délai de dix jours, à partir de la proclamation du résultat du scrutin, est accordé au conseiller municipal nommé dans plusieurs commune pour faire sa déclaration d'option. Cette déclaration est adressée aux préfets des départements intéressés.

674. Si, dans ce délai, le conseiller élu n'a pas fait connaître son option, il fait partie de droit du conseil de la commune où le nombre des électeurs est le moins élevé.

675. Dans les communes de 501 habitants et au-dessus, les ascendants et les descendants, les frères et les alliés au même degré ne peuvent être simultanément membres du même conseil municipal.

676. Le n° 685 ci-après, est applicable au cas prévus, par le § précédent.

677. Tout conseiller municipal qui, pour une cause survenue postérieurement à sa nomination, se trouve dans un des cas d'exclusion ou d'incompatibilité prévus par la présente loi, est immédiatement déclaré démissionnaire par le préfet, sauf réclamations au conseil préfecture dans les dix jours de la notification, et sauf recours au Conseil d'Etat.

Protestations.

678. — Tout électeur et tout éligible a le droit d'arguer de nullité les opérations électorales de la commune'

Les réclamations doivent être consignées au procès-verbal, sinon être desposées, à peine de nullité, dans les cinq jours qui suivent le jour de l'élection, au secrétariat de la mairie, ou à la sous-préfecture, ou à la préfecture. Elles sont immédiatement adressées au préfet et enregistrées par ses soins au greffe du conseil de préfecture.

679. Les conseils municipaux sont nommés pour quatre ans. Ils sont renouvelés intégralement, le premier dimanche de mai, dans toute la France, lors même qu'ils ont été élus dans l'intervalle.

680. Lorsque le conseil municipal se trouve, par l'effet des vacances survenues, réduit aux trois quarts de ses membres, il est, dans le délai de deux mois à dater de la dernière vacance, procédé à des élections complémentaires.

681. Toutefois, dans les six mois qui précèdent le renouvellement intégral, les élections complémentaires ne sont obligatoires qu'au cas où le conseil municipal aurait perdu plus de la moitié de ses membres.

682. Dans les communes divisées en sections, il y a toujours lieu à faire des élections partielles, quand la section a perdu la moitié de ses conseillers.

683. Un conseil municipal ne peut être dissous que par décret motivé du Président de la République, rendu en Conseil des Ministres et publié au *Journal Officiel*, et, dans les colonies régies par la présente loi, par arrêté du gouverneur en conseil privé, inséré au *Journal Officiel de la Colonie.*

684. S'il y a urgence, il peut être provisoirement suspendu par arrêté motivé du préfet, qui doit en rendre compte immédiatement au Ministre de l'intérieur. La durée de la suspension ne peut excéder un mois. Dans les colonies ci-dessus spécifiées, le conseil municipal peut être suspendu par arrêté motivé du gouverneur. La durée de la suspention ne peut excéder un mois.

Le gouvernement rend compte immédiatement de sa décision au Ministre de la marine et des colonies

685. En cas de dissolution d'un conseil municipal ou de démission de tous ses membres en exercice, et lorsqu'aucun conseil municipal ne peut être constitué, une délégation spéciale en remplit les fonctions.

686. Dans les huit jours qui suivent la dissolution ou l'acceptation de la démission, cette délégation spéciale est nommée par décret du Président de la République, et dans les colonies, par arrêté du gouverneur.

687. Le nombre des membres qui la composent est fixé à trois dans les communes où la population ne dépasse pas 35,000 habitants. Ce nombre peut-être porté jusqu'à sept dans les villes d'une population supérieure.

688. Les conseillers municipaux prennent rang dans l'ordre du tableau.

L'ordre du tableau est déterminé, même quand il y a des sections électorales : 1° par la date la plus ancienne des nominations ; 2° entre conseillers élus le même jour, par le plus grand nombre de suffrages obtenus ; 3° et, à égalité de voix, par la priorité d'âge.

Un double du tableau reste déposé dans les bureaux de la mairie, de la sous-préfecture et de la préfecture, où chacun peut en prendre communication ou copie.

689. Le conseil municipal ne peut délibérer que lorsque la majorité de ses membres en exercice assiste à la séance.

690. Quand, après deux convocations successives. à trois jours au moins d'intervalle et dûment constatées, le conseil municipal ne s'est pas réuni en nombre suffisant, la délibération prise après la troisième convocation est valable, quelque soit le nombre des membres présents.

691. Les délibérations sont prises à la majorité absolue des votants. En cas de partage, sauf le cas de scrutin secret, la voix du président est prépondérante. Le vote a lieu au scrutin public sur la demande du quart des membres présents ; les noms des votants, avec la désigation de leurs votes, sont insérés au procès-verbal.

Il est voté au scrutin secret toutes les fois que le tiers des membres présents le réclame, ou qu'il s'agit de procéder à une nomination ou présentation.

Dans ces derniers cas, après deux tour de scrutin secret si aucun des candidats n'a obtenu la majorité absolue. il est procédé à un troisième tour de scrutin, et l'élection a lieu à la majorité relative ; à égalité de voix, l'élection est acquise au plus âgé.

692. Le maire. et à défaut celui qui le remplace, préside le conseil municipal.

693. Les séances des conseils municipaux sont publiques. Néanmoins, sur la demande de trois membres ou du maire, le conseil municipal, par assis et levé, sans débat, décide s'il se formera en comité secret.

694. Tout habitant ou contribuable a le droit de demander communication sans déplacement, de prendre copie totale ou partielle des procès-verbaux du conseil municipal, des budgets et des comptes de la commune, des arrêtés municipaux. Chacun peut les publier sous sa responsabilité.

695. Tout membre du conseil municipal, qui sans motif reconnus légitimes par le conseil, a manqué à trois convocations successives, peut être, après avoir été admis à fournir ses explications, déclaré démissionnaire par le préfet, sauf recours dans les dix jours de la notification, devant le conseil de préfecture.

696. Les démissions sont adressées au sous-préfet ; elles sont définitives à partir de l'accusé de réception par le préfet, et, à

défaut de cet accusé de réception, un mois après un nouvel envoi de la démission constaté par lettre recommandée.

697. Le conseil municipal élit le maire et les adjoints parmi ses membres, au scrutin secret et à la majorité absolue.

Si, après deux tours de scrutin, aucun candidat n'a obtenu la majorité absolue, il est procédé à un troisième tour de scrutin et l'élection a lieu à la majorité relative. En cas d'égalité de suffrages, le plus âgé est déclaré élu.

698. La séance dans laquelle il est procédé à l'élection du maire est présidée par le plus âgés des membres du conseil municipal.

Pour toute élection du maire ou des adjoints, les membres du conseil municipal sont convoqués dans les formes et délais prévu par la loi

699. Avant cette convocation, il sera procédé aux élections qui pourraient être nécessaires pour compléter le conseil municipal. Si, après les élections complémentaires, de nouvelles vacances se produisent, le conseil municipal procédera néanmoins à l'élection du maire et des adjoints, à moins qu'il ne soit réduit aux trois quarts de ses membres. En ce cas, il y aura lieu de recourir à de nouvelles élections complémentaires. Il y sera procédé dans le délai d'un mois, à dater de la dernière vacance.

700. Les nominations sont rendues publiques dans les vingt-quatre heures de leur date, par voie d'affiche à la porte de la mairie.

Elles sont dans le même délai, notifiées au sous-préfet

701. L'élection du maire et des adjoints peut-être arguée de nullité dans les conditions, formes et délais prescrits pour les réclamations contre les élections du conseil municipal. Le délai de cinq jours court à partir de vingt-quatre heures après l'élection.

702. Lorsque l'élection est annulée ou que, pour toute autre cause, le maire ou les adjoints ont cessé leurs fonctions, le conseil, s'il est au complet, est convoqué pour procéder au remplacement dans le délai de quinzaine.

703. S'il y a lieu de compléter le conseil, il sera procédé aux élections complémentaires dans la quinzaine de la vacance, et le nouveau maire sera élu dans la quinzaine qui suivra. Si, après les élections complémentaires, de nouvelles vacances se produisent, le n° 699 sera applicable.

704. Ne peuvent être maires ou adjoints ni en exercer même temporairement les fonctions :

Les agents et employés des administrations financières, les trésoriers-payeurs généraux, les receveurs particuliers et les percepteurs ; les agents des forêts, ceux des postes et télégraphes, ainsi que les gardes des établissements publics et des particuliers.

Les agents salariés du maire ne peuvent être adjoints.

705. Les maires et adjoints sont nommés pour la même durée que le conseil municipal.

Cloches des églises

706. Les cloches des églises sont spécialement affectées aux cérémonies du culte.

Néanmoins, elle peuvent être employées dans les cas de périls commun qui exigent un prompt secours et dans les circonstances ou cet emploi est prescrit par des dispositions de lois ou règlements, ou autorisé par les usages locaux.

707. Les sonneries religieuses comme les sonneries civiles feront l'objet d'un règlement concerté entre l'évêque et le préfet, ou entre le préfet et les consistoires, et arrêté, en cas de désacord, par le Ministre des cultes.

708. Un clef du clocher sera déposée entre les mains des titulaires ecclésiastiques, un autre dans les mains du maire, qui ne pourra en faire usage que dans les circonstances prévues par les lois ou règlements.

709. Si l'entrée du clocher n'est pas indépendante de celle de l'église, une clef de la porte de l'église sera déposée entre les mains du maire.

Membres des tribunaux de Commerce

(Loi du 8 décembre 1883.)

710. Les membres des Tribunaux de commerces seront élus par les citoyens francais commerçants patentés ou associés en nom collectif depuis cinq ans au moins, capitaines au long cours et maîtres de cabotage ayant commandé des bâtiments pendant cinq ans, directeurs des compagnies françaises anonymes de finance, de commerce et d'industrie, agents de commerce et d'industrie, agents de change et courtiers d'assurances maritimes, courtiers de marchandises, courtiers-interprètes et conducteurs de navires institués en vertu des articles 77, 79 et 80 du code de commerce, les uns et les autres après cinq années d'exercice, et tous, sans exception, devant être domiciliés depuis cinq ans au moins dans le ressort du tribunal.

711. Sont égalements électeurs, dans leur ressort, les membres anciens ou en exercice des tribunaux et des chambres de commerce, des chambres consultatives de arts et manufactures, les présidents anciens ou en exercice des conseils de prud'hommes.

712. Sont éligibles aux fonctiens de président, de juge et de juge-suppléant tous les électeurs inscrit sur la liste électorale âgés de trente ans, et les anciens commerçants français ayant exercé leur profession pendant cinq ans ans, au moins, dans l'arrondissement et y résidant. — Toutefois, nul ne pourra être élu président s'il n'a exercé pendant deux ans les f nctions de juge-titulaire, et nul ne pourra être nommé juge s'il n'a été juge suppléant pendant un an.

713. Le vote aura lieu par canton, à la mairie du chef-lieu. Dans les villes divisées en plusieurs cantons, le maire désignera, pour chaque canton, le local où s'effectueront les opérations électorales et déléguera, pour y présider, l'un de ses adjoints ou l'un des conseillers municipaux.

714. L'assemblée électorale sera convoquée par le préfet du département dans la première quinzaine au plus tard. Elle sera présidée par le maire ou son délégué assisté de quatre électeurs, qui seront les deux plus âgés et les deux plus jeunes des membres présents. Le bureau, ainsi composé, nomme un secrétaire pris dans l'assemblée. Il statue sur toute les questions qui peuvent s'élever dans le cours de l'élection.

715. Cette assemblée pourra être divisée en plusieures sections

par arrêté du préfet, sur l'avis conforme du Conseil général, dans les localités où cette division sera jugée nécessaire.

716. Le préfet pourra, par arrêté pris sur l'avis conforme du Conseil général, convoquer les électeurs de deux cantons au chef-lieu de l'un de ces cantons en une seule assemblée électorale, qui sera présidée par le maire de ce chef-lieu.

717. Le président sera élu au scrutin individuel.

Les juges titulaires et les juges suppléants seront nommés au scrutin de liste mais par des bulletins distincts déposés dans des boites séparées.

Ces élections auront lieu simultanément.

718. Aucune élection ne sera valable au premier tour de scrutin, si les candidats n'ont pas obtenu la majorité des suffrages exprimés, et si cette majorité n'est pas égale au quart des électeurs inscrits.

719. Si la nomination n'a pas été obtenue au premier tour, un scrutin de ballotage aura lieu quinze jours après, et la majorité relative suffira, quelque soit le nombre des suffrages.

720. La durée de chaque scrutin sera de six heures ; il s'ouvrira à dix heures du matin et sera fermé à quatre heure du soir

721. Le président de chaque assemblée proclame le résultat de l'élection, et transmet immédiatement au préfet le procès-verbal des opérations électorales.

Dans les vingt-quatre heures de la réception des procès-verbaux, le résultat général de l'élection de chaque ressort est constaté par une commission siègeant à la préfecture.

Protestations.

722. Dans les cinq jours de l'élection, tout électeur aura le droit d'élever des réclamations sur la régularité et la sincérité de l'élection. Ces réclamations seront communiquées aux citoyens dont l'élection serait attaquée et qui auront le droit d'intervenir dans les cinq jours de la communication. Elles seront jugées sommairement et sans frais dans la quinzaine, par la cour d'appel dans le ressort de laquelle l'élection a eu lieu. L'opposition ne sera pas admise contre l'arrêt rendu par défaut et qui devra être signifié. Le pourvoi en cassation contre l'arrêt rendu ne sera recevable que s'il est formé dans les dix jours de la signification. Il aura un effet suspensif et sera instruit suivant les formes indiquées ci-dessous. (Voir liste électorale des tribunaux de commerce.)

Conseils de Prud'hommes.

723. Les membres des conseils de prud'hommes sont élus par les patrons, chefs d'ateliers, contre-maîtres et ouvriers appartenant aux industries dénommés dans les décrets d'institution, suivant les conditions déterminées par les articles ci-après. (Loi du 1er juin 1853.)

724. Les membres des conseils de prud'hommes, réunis en assemblée générale, éliront parmi eux, à la majorité absolue des membres présents, un président et un vice-président. En cas de partage de voix et après deux tours de scrutin, le conseiller le plus ancien en fonctions sera élu Si les deux candidats avaient un temps de service

égal, la préférence serait accordé, au plus âgés. Il en sera de même dans le cas de la création d'un nouveau conseil. Lorsque le président sera choisi parmi les prud'hommes patrons, le vice-président ne pourra l'être que parmi les prud'hommes ouvriers et réciproquement. La durée des fonctions du président et du vice est d'une année. (Loi du 7 février 1880.)

725. Sont électeurs :

1° Les patrons, âgés de vingt-cinq ans accomplis, patentés depuis cinq ans au moins, et depuis trois ans dans la circonscription du conseil : les associés en nom collectif, patentés ou non, âgés de vingt-cinq ans accomplis, exerçant une profession assujettie à la contribution des patentes, et domiciliés depuis trois ans dans la circonscription du conseil ;

2° Les chefs d'atelier, contre-maîtres ou ouvriers, âgés de vingt-cinq ans accomplis, exerçant leur industrie depuis cinq ans au moins, et domiciliés depuis trois ans dans la circonscription du conseil. (Loi du 24 novembre 1883.)

726. Sont éligibles les électeurs âgés de trente ans accomplis et sachant lire et écrire.

727. Les patrons, réunis en assemblée particulière, nomment directement les prud'hommes patrons.

Les contre-maîtres, chefs d'ateliers et les ouvriers, également réunis en assemblées particulières, nomment les prud'hommes ouvriers en nombre égal à celui des patrons.

728. Au premier tour de scrutin, la majorité absolue des suffrages est nécessaire, la majorité relative suffit au second tour.

Les conseils de prud'hommes sont renouvelés par moitié tous les trois ans, Le sort désigne ceux des prud'hommes qui sontremplacés la première fois,

729. Les prud'hommes sont rééligibles.

730. Lorsque par un motif quelconque, il y a lieu de procéder au remplacement d'un ou plusieurs membres d'un conseil de prud'hommes, le préfet convoque les électeurs.

731. Tout membre élu en remplacement d'un autre ne demeure en fonction que pendant la durée du mandat confié à son prédecesseur. (Loi de 1853.)

732. Dans le cas où, dans les élections pour les conseils de prud'hommes, se produirait l'abstention collective, soit des patrons, soit des ouvriers ; dans le cas où ils porteraient leurs suffrages sur les noms d'un candidat notoirement inéligible ; dans le cas où les candidats élus par les patrons ou par les ouvriers refuseraient d'accepter le mandat ;

732 bis. Dans celui où les membres élus s'abstiendraient systématiquement de siéger ;

Il sera procéder, dans la quinzaine, à des élections nouvelles pour compléter le conseil. Si après ces nouvelles élections, les mêmes obstacles empêchent encore la constitution ou le fonctionnement du conseil, les prud'hommes, réguliérement élus, acceptant le mandat et se rendant aux convocations, constitueront le conseil et procéderont, pourvu que leur nombre soit au moins égal à la moitié du nombre total des membres dont le conseil est composé.

733. Dans les cas exceptionnel prévus par le présent article, le président, le vice-président pourront être pris tous deux parmi les prud'hommes ouvriers ou les prud'hommes patrons.

734. Le bureau général est composé, indépendamment du président ou du vice-président, d'un nombre égal de prud'hommes patrons et de prud'hommes ouvriers. Ce nombre est au moins de deux prud'hommes patrons et de deux prud'hommes ouvriers, quel que soit celui des membres dont se compose le conseil.

735. Par exception et dans les cas pévus par le n° 723, les quatre membres seront pris, sans distinction de qualité, parmi les prud'hommes installés.

Compétence.

736. Les jugements de conseils de prud'hommes sont définitifs et sans appel, lorsque le chiffre de la demande n'excède pas deux cents francs en capital.

Au-dessus de deux cents francs, les jugements sont sujets à l'appel devant le tribunal de commerce.

737. Lorsque le chiffre de la demande excède deux cents francs, le jugement de condamnation peut ordonner l'exécution immédiate et à titre de provision jusqu'à concurrence de cette somme, sans qu'il soit besoin de fournir caution,

Pour le surplus, l'exécution provisoire ne peut être ordonnée qu'à la charge de fournir caution.

738. Les jugements par défaut qui n'ont pas été exécutés dans le délai de six mois sont réputés non avenus.

739. Nota. — Liste électorale et incapacités voir ci-après

Listes électorales

740. La loi du 5 avril 1884 a apporté des modifications importantes à l'ancienne législation.

741. Il n'existait avant 1870 qu'une seule catégorie d'électeurs. Les lois des 14 avril 1871 et 7 juillet 1874 ont établi une distinction entre l'électorat politique et l'électorat municipal, distinction que la loi du 30 novembre 1875 a maintenue tout en étendant à la confection de la liste politique les formalités et les juridictions instituées en 1874 pour les listes municipales. Mais la loi du 5 avril dernier a, par son article 14, supprimé implicitement la dualité des listes, et *il ne doit plus être établi désormais qu'une liste unique.*

742. Toutefois il n'a rien été changé aux dispositions contenues dans la loi du 7 juillet 1874 et le décret règlementaire du 2 février 1852 en ce qui concerne les formalités de la révision des listes électorales.

743. C'est d'après la liste dressée en exécution de cette loi que se font les élections des Députés, des conseillers généraux, d'arrondissement et municipaux.

Autorité chargée de dresser la liste préparatoire

744. Jusqu'à présent la liste électorale était préparée par le maire seul. (Décret organique du 2 février 1852, art. 13).

La loi de 1884 veut que, pour plus de garanties, ce soin incombe désormais à une commission composée :

1° Du maire ou, à son défaut, d'un adjoint ;

2° D'un délégué de l'Administration désigné par le préfet ;
3° D'un délégué choisi par le conseil municipal.

745. Cette commission procède, du 1er au 10 janvier, à l'inscription par ordre alphabétique des électeurs qu'elle doit porter d'office et de ceux qui, ne pouvant être portés que sur leur demande, ont formulé cette demande.

746. La commission ajoute à la liste :

1° Les citoyens qu'elle reconnaît avoir acquis les qualités exigées par la loi ; 2° ceux qui acquerront les conditions d'âge et de résidence avant le 1er avril ; 3° ceux qui auraient été précédemment omis.

747. Elle retranche :

1° Les électeurs décédés ; 2° les individus dont la radiation a été ordonnée par l'autorité compétente ; 3° ceux qui ont perdu les qualités requises par la loi ; 4° ceux qu'elle reconnaît avoir été indûment inscrits, quoique leur inscription n'ait point été attaquée.

748. Elle tient un registre de toutes ces décisions et y mentionne les motifs et les pièces à l'appui. (Art. 1er d. règl. 2 février 1852). Elles arrêtent et signent les tableaux rectificatifs avant le 15 janvier.

Inscriptions

749. Sont inscrits d'office ou sur leur réclamation formée dans les délais légaux :

1° Après six mois d'habitation dans la commune, tous les citoyens français ou naturalisés français, âgés de 21 ans, jouissant de leurs droits civils et politiques. (Art. 14, loi 5 avril 1884) ;

2° Sans condition de temps de résidence ou d'habitation : 1° ceux qui ont leur domicile réel, c'est-à-dire leur domicile légal dans la commune (même article) ; 2° ceux qui sont assujettis à une résidence obligatoire dans la commune en qualité, soit de ministre de l'un des cultes reconnus par l'Etat, soit de fonctionnaires publics

Ces inscriptions ne peuvent plus être demandées après le 4 février.

3° Ceux qui ont été inscrits, c'est-à-dire qui, au moment de la formation de la liste, figurent au rôle de l'une des quatre contributions directes ou au rôle des prestations en nature dans la commune et qui y résident. Sont également inscrits les membres de la famille des mêmes électeurs compris dans la côte de la prestation en nature, alors même qu'ils n'y sont pas personnellement portés, et les habitants qui, à raison de leur âge, ont cessé d'être soumis à cet impôt (même article).

750. Sont inscrits sur leur demande :

1° Sans condition de temps de résidence, ceux qui figurent au rôle de l'une des quatre contributions directes ou des prestations en nature et ont déclaré, soit personnellement, soit par lettre adressée au maire, soit par l'entremise d'un mandataire spécialement autorisé à cet effet, vouloir exercer leurs droits électoraux dans la commune.

751. Ceux qui, en vertu de l'art. 2 du traité de paix du 10 mai 1871, ont opté pour la nationalité française et déclaré vouloir fixer leur résidence dans la commune conformément à la loi du 19 juin 1871 (même art. 14).

752. D'après le décret du 2 février 1852, que confirme l'article 14 de la loi du 5 avril 1884, les militaires en activité de service et les hommes retenus pour le service des ports ou de la flotte, en vertu

de leur immatriculation sur les roles de l'inscription maritime, doivent être portés sur les listes de communes où ils étaient domiciliés avant leur départ ; ce domicile, pour les jeunes gens entrés dans l'armée en vertu de l'appel, est celui du recrutement ; pour les engagés volontaires, le domicile de départ est le domicile mentionné dans l'acte d'engagement.

753. La circulaire ministérielle du 10 avril 1885 a rappelé dans quelles conditions spéciales les militaires, bien qu'inscrits sans distinction sur les listes électorales, peuvent prendre part au vote.

Ouverture du registre des réclamations.

754. Dans les derniers jours qui précéderont la publication des tableaux rectificatifs, le maire ouvrira un registre (ou autant de registres que la commune a de cantons) pour consigner les réclamations présentées à fin d'inscription ou de radiation.

Ces réclamations y seront portées par ordre de date et devront indiquer d'une manière exacte le nom et le domicile du réclamant.

755. La demande doit contenir, quand il s'agit de radiation, l'énoncé des motifs sur lesquels elle est fondée.

756. Il en est donné récépissé

757. En cas de refus du maire de recevoir la réclamation ou d'en donner un récépissé, l'intéressé devrait faire sommation par huissier et, sur nouveau refus, il pourrait faire appel au juge de paix à dater de la clôture des opérations de la commission (C. Cass. 21 juin 1884).

Réclamations des tiers

758. Le droit de demander une radiation ou une inscription appartient à tout électeur de la circonscription. (Décret organique du 2 février 1852, art. 19)

759. Le même droit appartient au sous-préfet et au préfet. Il peut aussi être exercé par les membres de la commission chargée de la préparation des tableaux rectificatifs et, en conséquence, par le délégué de l'administration, en tant qu'il agit comme électeur,

Avis à donner aux électeurs dont l'inscription est contestée.

760. Le maire avertira l'électeur dont l'inscription est contestée pour qu'il ait à présenter ses observations Cet avertissement sera donné sans frais et contiendra l'indication sommaire des motifs de la demande en radiation.

761. L'article 4 de la loi du 7 juillet exige que le même avis soit donné à tout électeur *rayé d'office* par les commissions chargées de la préparation des listes.

Formation des commissions chargées de juger les réclamations.

762 Pour le jugement des réclamations, les commissions qui auront préparé les listes s'adjoindront les deux autres délégués qui auront été à l'avance, et ainsi qu'il a été dit ci-dessus, désignés par le conseil municipal.

763. Ces commissions se trouveront donc ainsi composées :

1° Le maire ou un adjoint, ou un conseiller municipal dans l'ordre du tableau ;

2° Un délégué de l'Administration ;

3° Trois délégués du conseil municipal.

Le maire ou le membre qui le supplée aura la présidence ; les décisions sont prises à la majorité des suffrages, elles doivent être consignées par ordre de date sur un registre et ne point être inscrites sur feuilles volantes.

764. La commission s'occupera des réclamations aussitôt qu'elle en aura reçu et statuera dans le plus bref délai possible.

765. La loi nouvelle ne limite point le genre des preuves qui pourront être admises par les commissions ; elle se borne à édicter des pénalités sévères contre ceux qui, à l'aide de déclarations frauduleuses ou de faux certificats, auront provoqué des inscriptions ou des radiations irrégulières.

Notification des décisions.

766. Les décisions seront notifiées dans les trois jours de leur date, par écrit et à domicile par les soins de l'administration municipale, (Loi du 7 juillet, article 4). La loi nouvelle n'exige pas, comme le décret organique du 2 février 1832, l'intervention d'un agent assermenté ; mais, comme il est utile que la date de la notification, qui fait courir le délai d'appel, soit fixée d'une manière certaine.

Appel devant le juge de paix

767. L'appel des décisions de la commission est porté devant le juge de paix du canton par simple déclaration au greffe. (Décret organique du 2 février 1852, art. 22 et loi du 7 juillet 1874, art 3).

Il doit être fait dans les cinq jours de la notification des décisions de la commission. (Même loi, art. 4).

768. Le juge de paix doit statuer dans les dix jours, sans frais ni forme de procédure et sur simple avertissement donné trois jours à l'avance à toutes les parties intéressées. (Décret organique de 1852, art. 22). Il donne avis des infirmations par lui prononcées au maire et au préfet, dans les trois jours de la décision (Décret règlementaire du 2 février 1852, art 6).

769. Les délégués de l'administration, pas plus que les autres membres de la commission, ne peuvent se pourvoir personnellement contre les décisions auxquelles ils auraient participé ; mais leur devoir sera d'avertir les sous-préfets ou le préfet, toutes les fois qu'un recours leur paraîtra utile à introduire, afin que l'administration puisse user du droit d'appel qui appartient aux préfets et aux sous-préfets.

770. La Cour de Cassation accorde aux parties qui n'ont pas figuré dans le débat devant la commission et à qui, par conséquent, les décisions de cette commission ne sont pas notifiées, un délai de ***vingt jours à partir de la décision*** pour interjeter appel. (Circulaire ministérielle du 31 août 1874).

6

Pourvoi contre les décisions des juges de paix

771. Il n'est rien innové en ce que qui concerne les pourvois devant la Cour de Cassation, qui, aux termes de l'article 23 du décret organique du 2 février 1852, doivent être formés dans les dix jours de la notification.

Clôture des listes

772 Mais ces pourvois ne devront pas retarder la clôture des listes, qui seront, définitivement arrêtées le 31 mars.

773. *Epoques et délais des diverses opérations relatives à la révision des listes électorales.*

	NOMBRE de jours	TERME des délais
Préparation des tableaux de rectifications	10	10 janvier.
Délai accordé pour dresser les tableaux de rectifications	4	14 janvier.
Publication des tableaux de rectifications	1	15 janvier.
Délai ouvert aux réclamations	20	4 février.
Délai pour les décisions des commissions chargées du jugement des réclamations	5	9 février.
Délai pour la notification des dernières décisions de ces commissions	3	12 février.
Délai d'appel devant le juge de paix	5	17 février.
Délai pour les décisions du juge de paix	10	27 février.
Pourvoi en cassation dans les dix jours de la notification	10	»
Clôture définitive des listes	»	31 mars.

Incapacités

(Décret du 2 février 1852).

774. Ne doivent pas être inscrits sur les listes électorales : 1° les individus privés de leurs droits civils et politiques, par suite de condamnations, soit à des peines afflictives et infamantes, soit à des peines infamantes seulement ; 2° ceux auxquels les tribunaux jugeant correctionnellement ont interdit le droit de vote et d'élection, par application des lois qui autorisent cette interdiction ; 3° les condamnés, pour crime, à l'emprisonnement par application de l'article 463 du Code pénal ; 4° ceux qui ont été condamnés à trois mois de prison, par application des articles 318 et 423 du Code pénal ; 5° les

condamnés pour vol, escroquerie, abus de confiance, soustraction commise par les dépositaires des deniers publics, ou attentat aux mœurs, prévus par les articles 330 et 334 du Code pénal, quelle que soit la durée de l'emprisonnement auquel ils ont été condamnés ; 6° les individus qui, par application de l'article 8 de la loi du 17 mai 1819 et de l'article 3 du décret du 11 août 1848, auront été condamnés pour outrages à la morale publique et religieuse ou aux bonnes mœurs, et pour attaque contre le principe de la propriété et les droits de la famille ; 7° les individus condamnés à plus de trois mois d'emprisonnement, en vertu des articles 31, 33, 34, 35, 36, 38, 39, 40, 41, 42, 43 et 46 de la présente loi ; 8° les notaires, greffiers et officiers ministériels destitués, en vertu de jugements ou décisions judiciaires ; 9° les condamnés pour vagabondage ou mendicité ; 10° ceux qui auront été condamnés à trois mois de prison au moins, par application des articles 439, 443, 444, 445, 446, 447, et 452 du Code pénal ; 11° ceux qui auront été déclarés coupables de délits prévus par les articles 410 et 411 du Code pénal et par la loi du 21 mai 1836, portant prohibition des loteries ; 12° les militaires condamnés au boulet et aux travaux publics ; 13° les individus condamnés à l'em-condamnés à l'emprisonnement par application de l'art. 1er de la prisonnement par application de la loi sur le recrutement de l'armée; 14° les individus condamnés à l'emprisonnement par application de l'art. 1er de la loi du 27 mars 1851 ; 16° ceux qui ont été condamnés pour délit d'usure ; 17° les interdits ; 18° les faillis non réhabilités dont la faillite a été déclarée, soit par les tribunaux français, soit par jugement rendu à l'étranger, mais exécutoire en France.

775 Les condamnés à plus d'un mois d'emprisonnement pour rebellion, outrages ou violences envers les dépositaires de l'autorité ou de la force publique pour outrages publics envers un juré à raison de ses fonctions, ou envers un témoin à raison de sa déposition, pour délits prévus par la loi sur les attroupements et la loi sur le colportage, ne pourront pas être inscrits sur la liste électorale pendant cinq ans à dater de l'expiration de leur peine.

Liste électorale pour les tribunaux de commerce

(Loi du 9 décembre 1883).

776. Tous les ans, la liste des électeurs du ressort de chaque tribunal sera dressée pour chaque commune par le maire, assisté de deux conseillers municipaux désignés par le conseil, dans la première quinzaine du mois de septembre ; elle comprendra tous les électeurs qui rempliront, au 1er septembre, les conditions exigées par les articles précédents.

777. Le maire enverra la liste ainsi préparée au préfet ou au sous-préfet, qui fera déposer la liste générale au greffe du tribunal de commerce, et la liste spéciale de chacun des cantons du ressort au greffe de chacune des justices de paix correspondantes : l'un et l'autre dépôt devant être effectués trente jours au moins avant l'élection. L'accomplissement de ces formalités sera annoncé, dans le même délai, par affiches apposées à la porte de la mairie de chaque commune du ressort du tribunal.

778. Ces listes électorales seront communiquées sans frais à toute réquisition.

779. Pendant les quinze jours qui suivront le dépôt des listes, tout commerçant patenté du ressort, et en général tout ayant droit compris dans l'article 1er pourra exercer ses réclamations, soit qu'il se plaigne d'avoir été indûment omis, soit qu'il demande la radiation d'un citoyen indûment inscrit. Ces réclamations seront portées devant le juge de paix du canton, par simple déclaration au greffe de la justice de paix du domicile de l'électeur dont la qualité sera mise en question. Cette déclaration se fera sans frais et il en sera donné récépissé.

780. Le juge de paix statuera sans opposition ni appel dans les dix jours, sans frais ni forme de procédure, et sur simple avertissement donné, par les soins du juge de paix lui-même, à toutes les parties intéressées. La sentence sera le même jour, transmise au maire de la commune de l'intéressé lequel en fera audit intéressé la notification dans les vingt-quatre heures de la réception.

781. Les actes judiciaires auxquels l'instance devant le juge de paix donnera, ne seront pas soumis au timbre et seront enregistrés gratis.

782. La décisision du juge de paix pourra être déférée à la cour de cassation, dans tous les cas, par ceux qui y auront été portées, et, en outre, dans le cas où le jugement ordonnerait l'inscription, sur la liste, d'une personne qui n'y figurerait pas, par tout électeur inscrit sur la liste.

783. Le pourvoi ne sera recevable que s'il est formé dans les dix jours de la notification de la décision. Il ne sera pas suspensif. Il sera formé par simple requête, dénoncé aux défendeurs dans les dix jours qui suivront, et jugé d'urgence, sans frais ni consignation d'amende. L'intermédiaire d'un avocat à la cour de cassation ne sera pas obligatoire.

Incapacités

784. Ne pourront participer à l'élection : 1° Les individus privés du droit de vote dans les élections politiques (voir au n° 774 ci-dessus).

2° Ceux qui ont été condamnés pour vol, escroquerie, abus de confiance, soustractions commises par les dépositaires de deniers publics, attentats aux mœurs, quelle que soit la peine ;

3° Ceux qui ont été condamnés à l'emprisonnement par application de l'art. 1er de la loi du 5 mai 1855, des articles 7 et 8 de la loi du 23 juin 1857, et l'art. 1er de la loi du 27 juillet 1867, des lois du 17 juillet 1857, 23 mai 1863 et 24 juillet 1867 sur les sociétés ;

4° Les individus condamnés pour les délits prévus aux articles 400, 413, 414, 417, 418, 419, 420, 421, 423, 433, 439, 443 du code pénal ; et aux articles 594, 596 et 597 du code de commerce, quelle que soit la peine.

5° Ceux qui ont été condamnés à un emprisonnement de six jours au moins ou à une amende de plus de 1,000 francs pour infraction aux lois sur les douanes, les octrois ou les contributions indirectes, et à l'article 5 de la loi du 4 juin 1859, sur le transport, par la poste, des valeurs déclarées. (Loi de 1883).

Liste pour les conseils de Prud'hommes

785. Dans chaque commune de la circonscription, le maire assisté de deux assesseurs qu'il choisit, l'un parmi les électeurs patrons, l'autre parmi les électeurs ouvriers, inscrits les électeurs sur un tableau qu'il adresse au préfet. (Loi de 1853).

786. La liste électorale est dressée et arrêtée par le préfet.

En cas de réclamation, le recours est ouvert devant le conseil de préfecture ou devant les tribunaux civils, suivant les distinctions établies par la loi sur les élections municipales. (Loi de 1853).

Incapacités

787. Ne peuvent être éligibles ni électeurs, les étrangers ni aucun des individus désignés dans l'art. 15 du décret du 2 février 1852, mentionné au n° 774 et 775 ci-dessus. (Même loi).

Jury

Loi du 21 novembre 1872

Conditions requises pour être juré

788. Nul ne peut remplir les fonctions de juré, à peine nullité des déclarations de culpabilité auxquelles il aurait concouru, s'il n'est âgé de trente ans accomplis, s'il ne jouit des droits politiques, civils et de famille, ou s'il est dans un des cas d'incapacité ou d'incompatibilité établis par les deux articles suivants.

789. Sont incapables d'être jurés :

1° Les individus qui ont été condamnés, soit à des peines afflictives et infamantes, soit à des peines infamantes seulement ;

2° Ceux qui ont été condamnés à des peines correctionnelles pour faits qualifiés crimes par la loi ;

3° Les militaires condamnés au boulet ou aux travaux publics ;

4° Les condamnés à un emprisonnement de trois mois au moins ; toutefois, les condamnations pour délits politiques ou de presse n'entraîneront que l'incapacité temporaire dont il est parlé au paragraphe 11 du présent article ;

5° Les condamnés à l'amende ou à l'emprisonnement, quelle qu'en soit la durée, pour vol, escroquerie, abus de confiance, soustraction commises par des dépositaires publics, attentats aux mœurs prévus par les articles 330 et 334 du code pénal, délit d'usure ; les condamnés à l'emprisonnement pour outrage à la morale publique et religieuse, attaque contre le principe de la propriété et les droits de famille, délits commis contre les mœurs par l'un des moyens énoncés dans l'article 1er de la loi du 17 mai 1819, pour vagabondage ou mendicité, pour infraction aux dispositions des articles 60, 63 et 65 de la loi sur le recrutement de l'armée et aux dispositions de l'article 423 du code pénal, de l'article 1er de la loi des 5-9 mai 1855 ; pour les délits prévus par les articles 134, 142, 143, 174, 251, 305, 345, 362, 363, 364 § 3, 365, 366, 387, 389, 399 § 2, 400 § 2, 418 du code pénal ;

6° Ceux qui sont en état d'accusation ou de contumace ;

7° Les notaires, greffiers et officiers ministériel destitués;

8° Les faillis non réhabilités dont la faillite a été déclarée soit par les tribunaux français, soit par jugement rendu à l'étranger, mais exécutoire en France;

9° Ceux auxquels les fonctions de jurés ont été interdit en vertu de l'article 396 du code d'instruction criminelle et l'article 42 du code pénal;

10° Ceux qui sont sous mandat d'arret ou de dépôt;

11° Sont incapables, pour cinq ans seulement, à dater de l'expiration de leur peine, les condamnés à un emprisonnement de moins de trois mois pour quelque délit que ce soit, même pour les délits que ce soit, même pour les délits politiques ou de presse;

12° Sont également incapables les interdits, les individus pourvus de conseils judiciaires, ceux qui sont placés dans un établissement public d'aliénés en vertu de la loi du 30 juin 1838.

790. Les fonctions de jurés sont incompatibles avec celles de député, ministre, membre du conseil d'Etat, membre de la cour des comptes, sous secrétaire d'Etat ou secrétaire général d'un ministère, préfet et sous-préfet, secrétaire général de préfecture, conseiller de préfecture, membre de la cour de cassation ou des cours d'appel, juge titulaire ou suppléant des tribunaux civils et des tribunaux de commerce, officier du ministère public près les tribunaux de première instance, juge de paix, commissaire de police, ministre d'un culte reconnu par l'Etat, militaire de l'armée de terre ou de mer en activité de service et pourvu d'emploi, fonctionnaire ou préposé du service actif des douanes, des contributions indirectes, des forêts de l'Etat et de l'administration des télégraphes, instituteur primaire communal.

791. Ne peuvent être jurés les domestiques et serviteurs à gages, ceux qui ne savent pas lire ni écrire en français.

792. Sont dispensés des fonctions de jurés :

1° Les septuagénaires; 2° ceux qui ont besoin pour vivre de leur travail manuel et journalier; 3° ceux qui ont rempli lesdites fonctions pendant l'année courante ou l'année précédente.

Composition de la liste annuelle

793. La liste annuelle comprend : pour le département de la Seine, trois mille jurés; pour les autres départements, un juré par 500 habitants, sans que ce nombre puisse être inférieur à 400 et supérieur à 600

794. Une commission composée, dans chaque canton, de juge de paix, président, des suppléants du juge de paix et des maires de toutes les communes du canton, dresse une liste préparatoire de la liste annuelle.

795. Dans les cantons formés, d'une seule commune, la commission est composée du juge de paix et de ses suppléants, du maire de la commune et de deux conseillers municipaux.

796. Dans les communes divisées en plusieurs cantons, il y a autant de commissions que de cantons, chacune de ces commissions est composée du juge de paix, des suppléants, du maire ou d'un adjoint et de deux conseillers municipaux, ainsi que des maires des communes rurales comprises dans le canton.

797. A Paris, les listés préparatoires sont dressées pour chaque quartier par une commission composée du juge de paix de l'arrondissement ou d'un suppléant du juge de paix, président du maire de l'arrondissement ou d'en adjoint, du conseiller municipal nommé dans le quartier et en outre de quatre personnes désignées par ces trois premiers membres parmi les jurés qui ont été portés l'année précédente sur la liste de l'arrondissement et qui ont leur domicile dans le quartier.

798. Les commissions chargées de dresser les listes préparatoires se réunissent dans la première quinzaine du mois d'août.

Le public est admis à prendre connaissance des listes préparatoires pendant les quinze jours qui suivent le dépôt de ces listes au greffe de la justice de paix.

799. La liste annuelle est dressée, pour chaque arrondissement, par une commission composée du président du tribunal civil ou du magistrat qui en remplit les fonctions, président, des juges de paix et des conseillers généraux. En cas d'empêchement, le conseiller général d'un canton sera remplacé par le conseiller d'arrondissement, ou s'il y a deux conseillers d'arrondissement dans le canton, par le plus âgé des deux.

800. Une liste spéciale des jurés suppléants pris parmi les jurés de la ville où se tiennent les assises, est aussi formée chaque année en dehors de la liste annuelle.

801. Si, au jour indiqué pour le jugement, le nombre des jurés est réduit à moins de trente par suite d'absence ou pour tout autre cause, ce nombre est complété par les jurés suppléants, suivant l'ordre de leur inscription, en cas d'insuffisance, par des jurés tirés au sort, en audience publique, parmi les jurés inscrits sur la liste spéciale; subsidiairement parmi les jurés de la ville inscrits sur la liste annuelle.

802. Tout juré qui ne sera pas rendu à son poste sur la citation qui lui aura été notifiée, sera condamné par la cour d'assise à une amende, laquelle sera, — pour la première fois, de cinq cents francs; — pour la seconde, de mille francs; — et pour la troisième de quinze cents francs. — Cette dernière fois, il sera de plus déclaré incapable d'exercer à l'avenir les fonctions de juré. L'arrêt sera imprimé et affiché à ses frais.

803. Seront exceptés ceux qui justifieront qu'ils étaient dans l'impossibilité de se rendre au jour indiqué. — La cour prononcera sur la validité de l'excuse

Les peines portées n° 802 sont applicables à tout juré qui, même s'étant rendu à son poste, se retirerait avant l'expiration de ses fonctions, sans une excuse valable, qui sera également jugée par la cour.

804 L'amende de 500 francs, prononcée par le deuxième paragraphe du n° 802 du code d'instruction criminelle, peu être réduite par la cour à 200 francs, sans préjudice des autres dispositions de cet article.

Service militaire

805. La nouvelle loi militaire étant en discusion au Sénat ne pourra être insérée que dans la première édition.

CHAPITRE II

Enseignement public

806. Il y a trois degrés d'enseignement : l'enseignement primaire, l'enseignement secondaire (classique ou spécial), l'enseignement supérieur.

807. L'enseignement primaire comprend : 1° l'instruction civique et morale ; 2° la lecture et l'écriture ; 3° La langue et les éléments de la littérature française ; 4° la géographie particulièrement celle de la France ; 5° l'histoire, particulièrement celle de la France jusqu'à nos jours ; 6° Quelques notions usuelles de droit et d'économie politique ; 7° Les éléments des sciences naturelles, physiques et mathématiques ; leurs applications à l'agriculture, à l'hygiène, aux arts industriels, travaux manuels et usage des outils des principaux métiers ; 8° Les éléments du dessin, du modelage et de la musique ; 9° La gymnastique ; 10° Pour les garçons l'exercice militaire et pour les filles les travaux à l'aiguille.

808. L'enseignement secondaire spécial comprend en outre : l'étude des langues étrangères (anglais ou allemand).

809. L'enseignement secondaire classique, outre les langues étrangères comprend : l'étude des langues anciennes (latin et grec) et de la philosophie.

810. L'enseignement supérieur comprend : le droit, la médecine, les sciences, les lettres, la théologie.

811. *Enseignement primaire obligatoire.* — L'instruction primaire est obligatoire pour les enfants des deux sexes agés de six ans révolus à treize ans révolus ; elle peut être donnée soit dans les établissements d'instruction primaire ou secondaire, soit dans les écoles publiques ou libres, soit dans les familles, par le père de famille lui-même ou par toute autre personne qu'il aura choisie.

Un règlement déterminera les moyens d'assurer l'instruction primaire aux enfants sourds-muets ou aveugles.

812. Il est institué un certificat d'études primaires ; il est décerné après un examen public auquel pourront se présenter les enfants dès l'âge de onze ans.

Ceux qui, à partir de cet âge, auront obtenu le certificat d'etudes primaires, seront dispensés du temps de scolarité obligatoire qui leur restait à passer.

813. Le père, le tuteur, la personne qui a la garde de l'enfant, le patron chez qui l'enfant est placé, devra, quinze jours au moins avant l'époque de la rentrée des classes, faire savoir au maire de la commune s'il entend faire donner à l'enfant l'instruction dans la famille ou dans une école publique ou privée ; dans ces deux derniers cas, il indiquera l'école choisie

814. Les familles domiciliées à proximité d'une ou plusieurs écoles publiques ont la faculté de faire inscrire leurs enfants a l'une ou à l'autre de ces écoles, qu'elle soit ou non sur le territoire de leurs communes, à moins qu'elle ne compte déjà le nombre maximum d'élèves autorisé par les règlements.

815. En cas de contestation, et sur la demande soit du maire, soit des parents, le conseil départemental statue en dernier ressort.

816. Chaque année le maire dresse, d'accord avec la commission municipale scolaire, la liste de tous les enfants âgés de six à treize ans, et avise les personnes qui ont charge de ces enfants de l'époque de la rentrée des classes.

817. En cas de non-déclaration, quinze jours avant l'époque de la rentrée, de la part des parents et autres personnes responsables, il inscrit d'office l'enfant à l'une des écoles publiques et en avertit la personne responsable.

Huit jours avant la rentrée des classes, il remet aux directeurs d'écoles publiques et privées la liste des enfants qui doivent suivre leurs écoles. Un double de ces listes est adressé par lui à l'inspecteur primaire.

818. Lorsqu'un enfant quitte l'école les parents ou les personnes responsables doivent en donner immédiatement avis au maire et indiquer de quelle façon l'enfant recevra l'instruction à l'avenir.

819. Lorsqu'un enfant manque momentanément l'école, les parents ou les personnes responsables doivent faire connaître au directeur ou à la directrice les motifs de son absence.

820. Les directeurs et les directrices doivent tenir un registre d'appel qui constate, pour chaque classe, l'absence des élèves inscrits. A la fin de chaque mois, ils adresseront au maire et à l'inspecteur primaire un extrait de ce registre, avec l'indication du nombre des absences et des motifs invoqués.

821. Les motifs d'absence seront soumis à la commission scolaire. Les seuls motifs réputés légitimes sont les suivants : maladie de l'enfant, décès d'un membre de la famille, empêchements résultant de la difficulté accidentelle des communications. Les autres circonstances exceptionnellement invoquées seront également appréciées par la commission.

822. Lorsqu'un enfant se sera absenté de l'école quatre fois dans le mois, pendant au moins une demi-journée, sans justification admise par la commission municipale scolaire, le père, le tuteur ou la personne responsable sera invité, trois jours au moins à l'avance, à comparaître dans la salle des actes de la mairie devant ladite commission, qui lui rappellera le texte de la loi et lui expliquera son devoir.

823 En cas de non-comparution, sans justification admise, la commission appliquera la peine énoncée dans l'article suivant.

824. En cas de récidive dans les douze mois qui suivront la première infraction, la commission municipale scolaire ordonnera l'inscription pendant quinze jours ou un mois, à la porte de la mairie, des nom, prénoms et qualités de la personne responsable, avec l'indication du fait relevé contre elle.

La même peine sera appliquée aux personnes qui n'auront pas obtempéré aux prescriptions du numéro 819 ci-dessus.

825. En cas d'une nouvelle récidive, la commission scolaire ou, à son défaut, l'inspecteur primaire devra adresser une plainte au juge de paix. L'infraction sera considérée comme une contravention et pourra entraîner condamnation aux peines de police, conformément aux articles 479, 480 et suivants du Code pénal. (11 à 15 fr. d'amende et 5 jours de prison).

L'article 463 du même Code est applicable.

826. La commission scolaire pourra accorder aux enfants demeurant chez leurs parents ou leur tuteur, lorsque ceux-ci en feront la

demande motivée, des dispenses de fréquentation scolaire ne pouvant dépasser trois mois par année en dehors des vacances.

Ces dispenses devront, si elles excèdent quinze jours, être soumises à l'approbation de l'inspecteur primaire.

Ces dispositions ne sont pas applicable aux enfants qui suivront leurs parents ou tuteurs, lorsque ces derniers s'absenteront temporairement de la commune. Dans ce cas, un avis donné verbalement ou par écrit au maire ou à l'instituteur suffira.

La commission peut aussi, avec l'approbation du conseil départemental, dispenser les enfants employés dans l'industrie et arrivés à l'âge de l'apprentissage d'une des deux classes de la journée ; la même faculté sera accordée à tous les enfants employés, hors de leur famille, dans l'agriculture.

827. Les enfants qui reçoivent l'instruction dans la famille doivent, chaque année, a partir de la fin de la deuxième année d'instruction obligatoire, subir un examen qui portera sur les matières de l'enseignement correspondant à leur âge dans les écoles publiques, dans des formes et suivant des programmes qui seront déterminés par arrêtés ministériels rendus en Conseil supérieur.

828. Si l'examen de l'enfant est jugé insuffisant et qu'aucune excuse ne soit admise par le jury, les parents sont mis en demeure d'envoyer leur enfant dans une école publique ou privée dans la huitaine de la notification et de faire savoir au maire quelle école ils ont choisie.

En cas de non-déclaration, l'inscription aura lieu d'office, comme il est dit au numéro 817. (Loi du 28 mars 1882).

Examens

§ Ier. — *Brevets élémentaire et supérieur.*

(Arrêté ministériel du 18 janvier 1887).

829. *Brevet élémentaire.* — Pour se présenter aux examens du brevet élémentaire, tout candidat doit avoir au moins seize ans le 1er octobre de l'année durant laquelle il se présente

830. *Brevet supérieur.* — Pour se présenter aux examens du brevet supérieur, tout candidat doit justifier de la possession du brevet élémentaire et avoir dix-huit ans révolus le jour de l'ouverture de la session du brevet supérieur

831. Des dispenses d'âge peuvent être accordées par l'inspecteur d'académie, pour l'un et l'autre brevet, pourvu qu'elles ne dépassent pas une durée de trois mois.

832. La dispense est de droit pour tout candidat au brevet élémentaire qui est pourvu du certificat d'études primaires supérieures, quel que soit son âge.

833. *Inscriptions.* — Tout candidat à l'un des deux brevets de capacité doit se faire inscrire au bureau de l'inspecteur d'académie quinze jours au moins avant la date fixée pour l'examen ; il dépose :

1° Une demande d'inscription écrite et signée par lui ;

2° Un extrait de son acte de naissance.

Le candidat au brevet supérieur dépose, en outre, son diplôme du brevet élémentaire.

834. Le coût de l'inscription pour le brevet élémentaire est de 10 fr. et celui du brevet supérieur est de 20 fr.

835. Les candidats qui remplissent les conditions d'âge fixées par le numéro 830, peuvent subir les épreuves du brevet supérieur dans la même session du brevet élémentaire. Dans ce cas, ils déposent, avant l'examen, le certificat constatant qu'ils ont été jugés aptes à recevoir le brevet élémentaire.

836. Les épreuves écrites ou orales des deux brevets ne dépasseront, dans aucun cas, le niveau moyen des programmes du cours supérieur des écoles primaires pour le brevet élémentaire ni des programmes des écoles normales d'instituteurs et d'institutrices pour le brevet supérieur.

837. L'examen écrit n'est pas public. L'examen oral est public pour les aspirants. Les dames sont seules admises aux épreuves orales des aspirantes.

838. Toute communication entre les candidats pendant les épreuves, toute fraude ou toute tentative de fraude commise dans un quelconque des examens ci-dessus spécifiés entraîne l'exclusion du candidat.

839. *Sessions d'examen.* — Les sessions réglementaires d'examen pour les deux brevets de capacité ont lieu, chaque année et dans chaque département, l'une au mois de juillet, l'autre au mois d'octobre.

840. La date précise de chaque session est fixée au moins un mois à l'avance par le ministre.

Écoles normales primaires

841. Les écoles normales primaires sont des établissements publics destinés à former des instituteurs ou des institutrices pour les écoles publiques (écoles maternelles, écoles primaires élémentaires et écoles primaires supérieures).

842. Les écoles normales relèvent du recteur, sous l'autorité du ministre de l'instruction publique.

843. Le régime des écoles normales est l'internat. L'internat est gratuit.

Sur la proposition du recteur et avec l'approbation du ministre de l'instruction publique, les écoles normales peuvent recevoir des demi-pensionnaires et des externes, à titre également gratuit et aux mêmes conditions d'admission.

844. La durée du cours d'études est de trois ans.

845. Les années passées à l'école normale, à partir de dix-huit ans pour les jeunes gens, de dix-sept ans pour les jeunes filles, comptent pour la réalisation de l'engagement de service pendant dix ans dans l'enseignement public prescrit par le numéro 848, § 3 ci-après.

846. Une école primaire, dans laquelle les élèves s'exercent à la pratique de l'enseignement sous la direction d'un maître spécialement nommé à cet effet, est annexée à chaque école normale.

Il doit y avoir en outre, annexée à chaque école normale d'institutrices, une école maternelle.

847. Tous les ans, le ministre fixe, sur la proposition du recteur et après avis du conseil départemental, le nombre d'élèves à admettre en première année dans chacune des écoles normales.

848. Tout candidat doit :

1° Avoir seize ans au moins, dix-huit ans au plus le 1er octobre de l'année durant laquelle il se présente ;

2° Etre pourvu du brevet élémentaire ;

3° S'être engagé à servir pendant dix ans dans l'enseignement public !

4° N'être atteint d'aucune infirmité ou maladie le rendant impropre au service de l'enseignement.

Le recteur peut autoriser à se présenter au concours des candidats âgés de plus de dix-huit ans

849. Nul ne peut se présenter au concours plus de deux fois.

850. Tous les élèves-maîtres sans exception sont tenus de se présenter aux examens du brevet supérieur à la fin du cours d'études.

851. Dans le cas de maladie prolongée, un élève-maître peut, sur la proposition du directeur et du conseil d'administration, et après avis de l'inspecteur d'académie, être autorisé par le recteur à redoubler une année. Le recteur doit informer le ministre des autorisations qu'il a accordées.

852. Tout élève-maître qui quitte volontairement l'école ou qui en est exclu, ou tout ancien élève-maître qui rompt l'engagement prescrit par le n° 848 ci-dessus, est tenu de restituer le prix de la pension dont il a joui.

La somme à restituer comprend exclusivement :

1° Les frais de nourriture ;

2° Les frais de blanchissage ;

3° Le prix des fournitures classiques.

Toutefois, sur la proposition du recteur. après avis du conseil des professeurs et de l'inspecteur d'académie, le ministre peut accorder des sursis pour le payement des sommes dues, ainsi qu'une remise partielle ou totale de ces mêmes sommes.

853. Tout élève-maître sorti de l'école après les trois années d'études reçoit, quand il est appelé pour la première fois aux fonctions d'instituteur public, titulaire ou stagiaire, une indemnité de 100 fr.

854. Les élèves-maîtres qui sortent de l'école normale ont droit, selon leur âge et les titres dont ils sont pourvus, aux premiers emplois d'instituteur public, titulaire ou stagiaire, qui se trouvent vacants dans le département.

855. L'engagement de servir pendant dix ans dans l'enseignement public peut être accompli dans tout département, toute possession française ou tout pays soumis au protectorat de la France.

Ecole nationale d'Arts et Métiers.

856. Les écoles d'Arts et Métiers ont pour objet de former des ouvriers capables de devenir des chefs d'atelier et des industriels versés dans la pratique des arts mécaniques ; on n'y reçoit actuellement que des internes.

857. Nul élève ne peut entrer que par voie de concours et nul candidat n'est admis à concourir : 1° S'il n'est français ou s'il ne se trouve dans l'une des conditions prévues par les lois des 13 juillet 1874, 14 février 1882 et 28 juin 1883 ; 2° s'il n'a justifié qu'il aura plus de quinze ans et moins de dix-sept ans le 1er octobre de l'année dans laquelle le concours a lieu.

858. Aucune dispense d'âge ne peut être accordée.

859. Pour être admis au concours, tout candidat doit, avant le 1er mai adresser une demande par écrit au préfet du département dans lequel ses parents ont leur domicile civil. La demande doit être accompagnée des pièces suivantes : 1° l'acte de naissance du candidat ; 2° un certificat d'un docteur en médecine assermenté constatant que le candidat est d'une bonne constitution et spécialement qu'il n'est atteint d'aucune affection scrofuleuse ou maladie chronique contagieuse, ni d'infirmité l'empêchant de se livrer au travail manuel ; 3° un certificat de revaccination constatant que cette opération a été affectuée dans l'année où le concours a lieu ou bien qu'elle a été pratiquée avec succès depuis moins de deux ans 4° un certificat de bonne vie et mœurs délivré par l'autorité locale, et attestant, de plus, que le candidat est Français ou qu'il se trouve dans l'une des conditions prévues par les lois des 13 juillet 1874, 14 février 1882 et 28 juin 1883 précitées ; 5° un engagement sur papier timbré par lequel le père ou la mère ou le tuteur, suivant le cas, s'engage à payer la pension ainsi que les 405 francs de frais accessoires indiqués plus loin.

860. Cet engagement doit se terminer par les mots suivants : « A défaut de payement aux époques fixées par le réglement, je déclare me soumettre à ce que le recouvrement soit poursuivi par voie de contrainte administrative décernée par M. le Ministre des finances suivant les droits qui lui sont conférés par les lois des 11 vendémiaire et 18 ventôse an VIII.

861. Les signatures des certificats et celle de l'engagement doivent être légalisées.

862. Le concours d'admission se compose d'épreuves écrites et manuelles et d'épreuves orales.

§ 1er. — *Pensions, bourses.*

863. Le prix de la pension est de 600 francs par an. Des bourses ou fractions de bourse peuvent être accordées par l'Etat aux élèves dont les familles ont préalablement fait constater l'insuffisance de leurs ressources Ces bourses ou fractions de bourse ne sont accordées que pour une année scolaire. Elles peuvent être renouvelées jusqu'à l'achèvement des études.

864. Les demandes de bourse doivent être déposées à la préfecture, à l'adresse du Ministre, en même temps que les demandes d'admission au concours, c'est-à-dire avant le 1er mai.

865. Lorsque, dans le cours d'une année d'études et par suite de cisconstances imprévues, la famille d'un élève se trouve hors d'état de payer la pension à sa charge, le Ministre peut, par une décision spéciale, rendue sur l'avis favorable du conseil de l'école et du directeur, la dispenser exceptionnellement de ce payement.

8.6. Les dégrèvements ne sont accordés qu'à la fin de chaque semestre de l'année scolaire.

867. En arrivant à l'école, les elèves auxquels il n'a pas été accordé de bourse entière doivent présenter un récépissé constatant le versement chez un receveur des finances du premier trimestre de la pension ou de la portion de pension à leur charge. Les payements ultérieurs se font par trimestre et d'avance a une caisse publique.

§ 2. — *Trousseau. — Frais accessoires*

868. Indépendamment du prix de la pension, il doit être payé pour tout nouvel élève, qu'il soit pourvu ou non d'une bourse : 1° 300 fr. pour la valeur du trousseau qui lui est remis à son entrée; 2° 75 fr. destinés à subvenir à son entretien pendant le cours de ses études ; 3° 30 francs environ formant le prix coûtant d'un étui de mathématiquns, d'une règle à calcul, de deux planches à dessin, d'une caisse-malle et d'un couvert ruolz, qui sont fournis par l'école.

869. Les 300 francs pour le trousseau doivent être versés d'avance chez un receveur des finances Le reçu est remis à l'agent comptable de l'école, lorsque le nouvel élève s'y présente, et les deux autres sommes sont versées en même temps à la caisse de cet agent.

870. Le trousseau peut toutefois être fourni gratuitement, mais à titre tout à fait exceptionnel et dans une proportion qui ne doit pas dépasser 5 0/0 du nombre des élèves admis.

871. Quant aux frais accessoires s'élexant à 105 francs, il ne peut en aucun cas être accordé de dispense de payement.

Examen pour l'obtention d'une bourse dpartementale ou communale dans les lycées ou collèges de garçons

I. Des différentes natures de bourses

872. Les bourses entretenues par l'Etat, les départements et les communes dans les lycées et collèges de garçons sont partagées en trois catégories :

1° Bourses d'internat ;

2° Bourses de demi-pensionnat ;

3° Bourses d'externat simple ou surveillé.

873. Les bourses de l'Etat, des départements et des communes sont accordées, après enquête constatant l'insuffisance de fortune de la famille, aux enfants qui se sont fait remarquer par leurs aptitudes, et particulièrement à ceux dont la famille a rendu des services au pays.

874. Les bourses nationales sont concédées, sur la proposition du Ministre, par le Président de la République; celles des départements, par les conseils généraux (art. 45 de la loi du 10 août 1871) ; celles des communes, par les conseils municipaux, avec l'approbation des préfets.

875. Les services militaires sont constatés au moyen d'états dûment certifiés; les services civils sont constatés par les préfets ou les ministres compétents.

876. Suivant les titres et la situation de fortune des postulants, les bourses de l'Etat, des départements et des communes sont ou entières ou fractionnées de la manière suivante : les bourses d'internat ou de demi-pensionnat, en demi-bourse ou en trois quarts de bourse; les bourses d'externat simple ou surveillé, en demi-bourse.

877. Nota. Le cumul de fraction de bourses de nature différente est formellement interdit.

II. Commission d'examen

878. Les candidats aux bourses de l'État, des départements et des communes doivent justifier, par un examen préalable, qu'ils sont en état de suivre la classe correspondant à leur âge.

879. L'examen pour l'obtention du certificat d'aptitude est subi devant une commission, siégeant au chef-lieu de chaque département, dans la première quinzaine d'avril.

880. Le résultat de l'examen est valable aussi longtemps que le candidat appartient, par son âge, à la série dans laquelle il a été examiné.

881. Les candidats peuvent, sur leur demande, subir l'examen dans une série supérieure à celle de leur âge.

882. L'obtention du certificat d'aptitude ne confère aucun droit absolu. Toutes les demandes de bourses de l'État sont soumises à une commission centrale, siégeant au Ministère, qui les classe par ordre de mérite, d'après l'ensemble des titres produits à l'appui.

Cette commission tient compte aux candidats des deux premières séries de la production du certificat d'études primaires.

III. Formalités à remplir par les familles des candidats

883. Les familles des candidats doivent les faire inscrire, du 1er au 25 mars, au secrétariat de la préfecture du département de leur résidence ou de la résidence de leurs enfants.

884. La demande d'inscription est accompagnée . 1° de l'acte de naissance de l'enfant ; 2° d'un certificat du chef de l'établissement où il a commencé ses études ; ce certificat donne le relevé sommaire des notes obtenues par l'élève pour la conduite et le travail depuis la rentrée des classes et pendant l'année scolaire précédente, la liste de ses places de composition, avec indication de sa classe et du nombre des élèves de sa division, la liste de ses prix et accessits ; le certificat n'est pas exigé des candidats qui ont été élevés dans leur famille ; 3° d'une déclaration du père de famille faisant connaître sa profession, les prénoms, âge, sexe et profession de chacun de ses enfants vivants, le montant de ses ressources annuelles et celui de ses contributions ; ladite déclaration, qui doit être signée du postulant et certifiée exacte par le maire de la commune, indiquera, en outre, si des bourses, remises ou dégrèvements ont déjà été accordés précédemment au candidat ou à ses frères ou sœurs.

IV. Conditions d'âge des candidats

885. Les candidats sont distribués en séries, suivant leur âge. Chaque série correspond à une classe.

Aucune dispense d'âge ne peut être accordée.

886. Dans l'enseignement classique, la première série correspond à la septième et comprend les candidats qui doivent entrer en sixième.

La première série de l'enseignement spécial comprend les candidats qui doivent entrer en première année.

887. Les candidats aux bourses de l'enseignement classique doivent avoir :

Pour entrer en sixième (1re série), moins de 12 ans au 1er janvier de l'année où l'examen est subi ;

Pour entrer en cinquième (2e série), moins de 13 ans au 1er janvier de l'année où l'examen est subi :

Pour entrer en quatrième (3e série), moins de 14 ans au 1er janvier de l'année où l'examen est subi ;

Pour entrer en troisième (4e série), moins de 16 ans au 1er janvier de l'année où l'examen est subi ;

Pour entrer en seconde (5e série), moins de 17 ans au 1er janvier de l'année où l'examen est subi ;

Pour entrer en rhétorique (6e série), moins de 18 ans au 1er janvier de l'année où l'examen est subi.

888. Les candidats aux bourses de l'enseignement spécial doivent avoir :

Pour entrer en première année (1re série), moins de 13 ans au 1er janvier de l'année où l'examen est subi :

Pour entrer en deuxième année (2e série), moins de 14 ans au 1er janvier de l'année où l'examen est subi ;

Pour entrer en troisième année (3e série), moins de 15 ans au 1er janvier de l'année où l'examen est subi ;

Pour entrer en quatrième année (4e série), moins de 16 ans au 1er janvier de l'année où l'examen est subi ;

Pour entrer en cinquième anné (5e série), moins de 17 ans au 1er janvier de l'anuée où l'examen est subi ;

Pour entrer en sixième année (6e série), moins de 18 ans au 1er janvier de l'année où l'examen est subi.

889. Les candidats pourvus du baccalauréat ès lettres, ès sciences ou de l'enseignement spécial sont dispensés de l'examen d'aptitude.

890. Il en est de même : 1° pour les candidats pourvus de la première partie du baccalauréat ès lettres, s'ils sont âgés de moins de 19 ans au 1er janvier ; 2° pour les boursiers d'enseignement primaire supérieur, dans les conditions prévues par l'article 61 de l'arrêté sur les bourses d'enseignement primaire supérieur.

V. Programme des examens

891. *Enseignement secondaire classique.* — Les candidats aux bourses de l'enseignement secondaire classique sont interrogés, savoir :

892. Pour la classe de sixième, sur les matières du programme des classes élémentaires ; pour la classe de cinquième, sur les matières de sixième, et ainsi de suite jusqu'à la rhétorique.

893. Les candidats qui veulent entrer en mathématiques élémentaires doivent avoir moins de 17 ans au 1er janvier ; l'examen, pour la partie scientifique, porte sur les notions de mathématiques et de physique comprises dans les programmes des classes de cinquième, de quatrième et de troisième de l'enseignement classique.

894. Les candidats aux bourses de l'enseignement spécial sont examinés, savoir :

Pour entrer en première année, sur les matières du programme des classes élémentaires des lycées ou du cours moyen de l'enseignement primaire ; pour entrer en deuxième année, sur le programme de première année, et ainsi de suite.

L'examen comprend deux épreuves : une épreuve écrite et une épreuve orale.

L'épreuve écrite est éliminatoire, elle comprend :

1° Pour la 1re et la 2e série de l'enseignement classique : une dictée française et une composition sur une des matières du cours (histoire, géographie, sciences) ; pour les quatre autres séries : une composition française et une version latine ou grecque ;

2° Pour l'admission au cours de mathématiques élémentaires : une composition scientifique et une version latine de la force de la troisième ;

3° Pour la 1re série de l'enseignement spécial : une dictée française et une composition sur une des matières du cours ; pour les autres séries du même enseignement : une composition sur l'une des matières du cours, et un exercice écrit de langues vivantes (thème et version).

895. L'épreuve de langues vivantes, à l'examen écrit et à l'examen oral, dans l'enseignement classique et dans l'enseignement spécial, porte sur l'anglais ou l'allemand.

VI. Dispositions particulières pour les bourses de l'Etat de l'enseignement secondaire classique et de l'enseignement secondaire spécial

896. Les demandes de *bourses de l'Etat* doivent être adressées *aux préfets*, avec les pièces nécessaires, savoir :

1° L'acte de naissance de l'enfant ;

2° Le certificat scolaire mentionné au paragraphe 3 ;

3° Le certificat d'aptitude, délivré au secrétariat de la préfecture, et indiquant le nombre de points obtenus par le candidat ;

4° Une note détaillée ou un état dûment certifié des services sur lesquels la demande est fondée ;

5° La déclaration du père de famille mentionnée au paragraphe 3 ;

6° L'engagement écrit des parents de payer les frais du trousseau et de pension qui, en cas de nomination, seraient laissés à leur charge.

VII. Avis essentiel

897. En cas d'insubordination habituelle, de paresse invétérée ou d'incapacité notoire, les élèves qui ont été nommés boursiers peuvent, après deux avertissements notifiés à leurs familles, être privés de leur bourse.

Examen relatif à la collation des bourses dans les lycées et collèges de jeunes filles.

898. Les examens ont lieu chaque année, du 1er au 15 avril et du 1er au 15 juillet au chef-lieu de chaque département.

899. Les aspirantes doivent être inscrites du 15 au 30 mars, ou du

15 au 30 juin, au secrétariat de la préfecture de leur résidence ou de la résidence de leur famille.

900. La demande d'inscription est accompagnée : 1° De l'acte de naissance de l'enfant ; 2° s'il y a lieu, d'un certificat de bonne conduite délivrée par la directrice de l'établissement où elle a déjà fait des études primaires ou secondaires.

901. Les aspirantes sont distribuées en autant de séries qu'il y a d'années de cours dans l'enseignement secondaire. Le résultat de l'examen est valable aussi longtemps que l'aspirante appartient, par son âge dans la série dans laquelle elle a été examinée :

902. Les aspirantes doivent avoir, pour entrer :

Dans la 1re année du cours, moins de 13 ans accomplis au 1er octobre de l'année où l'examen est subi.

Dans la 2e année du cours, moins de 14 ans accomplis au 1er octobre de l'année où l'examen est subi.

Dans la 3e année du cours, moins de 15 ans accomplis au 1er octobre de l'année où l'examen est subi.

Dans la 4e année du cours, moins de 16 ans accomplis au 1er octobre de l'année où l'examen est subi.

Dans la 5e année du cours, moins de 17 ans accomplis au 1er octobre de l'année où l'examen est subi.

903. Les aspirantes sont interrogée savoir :

Pour la classe de 1re année, sur les matières du cours moyen de l'enseignement primaire obligatoire.

Pour la classe de 2e année, sur les matières du programme de la classe de 1re année, et ainsi de suite jusqu'à la classe de 5e année.

904. L'examen comprend deux épreuves : une épreuve écrite, une épreuve orale.

Ecole supérieure de Commerce fondée à Paris en 1820

905. Le programme des connaissances exigées est envoyé à tout à tout candidat sur sa demande adressée au directeur de l'école.

906. Il y a douze bourses entretenues par l'Etat.

907. Le cours dure deux années.

908. Pièces à produire :

1° Demande adressée à M. le ministre de l'agriculture et du commerce ou à M. le préfet du département dans lequel le candidat désire subir l'examen. Elle doit être présentée avant le 1er juillet ;

2° Certificat légalisé constatant que le candidat est français ou qu'il a été naturalisé français ;

3° Acte de naissance établissant qu'il a 15 ans au moins et 20 ans au plus le 1er janvier de l'année du concours, dûment légalisé :

4° Déclaration d'un docteur en médecine constatant que le candidat a eu la petite vérole ou qu'il a été vacciné ;

5° Déclaration écrite par laquelle le candidat fera choix d'une des villes ci-après désignées comme centre d'examen : Paris, Dijon, Lyon, Marseille. Toulouse, Bordeaux, Rouen, Lille, Nantes et Nancy;

6° Renseignements détaillés à l'appui de la demande de prendre part aux concours, sur les moyens d'existence, le nombre d'enfants et les autres charges des parents, ainsi qu'un relevé du rôle de contribution. (Les quatre premières pièces doivent être sur papier timbré, les autres sur papier libre).

Conducteurs des Ponts et Chaussées

Concours pour l'admission.

909. Les aspirants à l'emploi de conducteur des ponts et chaussées doivent être âgés de plus de dix huit ans et de moins de trente ans au 1er janvier de l'année dans laquelle aura lieu le concours. Toutefois, les militaires ayant passé cinq ans sous les drapeaux dans l'armée active et les agents secondaires qui, à l'âge de trente ans, comptent plus de deux ans de services, peuvent concourir jusqu'à trente-cinq ans. (Décret du 21 janvier 1878).

910. Un concours a lieu tous les ans, il consiste dans deux examens passés, le premier, au chef-lieu de chaque département et le second dans certaines villes préalablement désignées.

911. Nul n'est admis à prendre part au concours s'il n'est français ou naturalisé français et s'il n'est âgé de plus de vingt-un ans et de moins de trente ans au 1er janvier de l'année dans laquelle aura lieu le concours.

912. Pièces à produire :

1° Demande adressée au ministre avant le 1er janvier ;

2° Acte de naissance du candidat dûment légalisé ;

3° Note faisant connaître ses antécédents et les études auxquelles il s'est livré ; diplômes, certificats, etc., qui auraient pû lui être délivrés. (Cette dernière pièce doit être sur papier libre).

Poids et Mesures

Conditions du concours pour l'admission à l'emploi de vérificateur-adjoint

913. Les examens pour l'emploi de vérificateur-adjoint des poids et mesures ont lieu au mois de mai de chaque année. Ils sont ouverts simultanément dans les villes de Paris, Tours, Bar-le-Duc, Bordeaux, Avignon et Alger.

914. Nul ne peut être admis à ces examens s'il est âgé de moins de 25 ans ou de plus de 36 ans au jour de l'ouverture du concours.

915. Les demandes d'admission à l'examen doivent être adressées au ministre du commerce avant le 15 mars. Elles seront accompagnées :

1° De l'acte de naissance du candidat ; 2° D'un certificat de bonne vie et mœurs délivré par le maire ou le commissaire de police de la commune où il a son domicile ; 3° D'un certificat de médecin, dûment légalisé, constatant que le candidat est d'une bonne constitution et exempt de toute infirmité le rendant impropre à faire un service actif ; 4° Des attestations faisant connaître ses antécédents et les études auxquelles il s'est livré ; 5° D'une pièce authentique (livret, congé, etc.) constatant que le candidat a satisfait à la loi du recrutement, et, dans le cas où il aurait contracté l'engagement décennal prévu par les règlements, que cet engagement sera réalisé avant le 31 décembre qui suivra le concours.

916. Il sera donné avis aux candidats de la date et du lieu de réunion de la commission devant laquelle ils devront se présenter pour l'examen.

917. Pour le programme de l'examen s'adresser à la préfecture.

Ecoles d'Accouchement

Examen d'admission pour la concession de bourses départementales.

918. L'examen comporte la lecture, l'écriture, l'orthographe, le calcul et la rédaction d'une note ou certificat.

919. La personne qui se présente pour concourir doit être âgée de 18 ans au moins et n'avoir pas 35 ans.

920. Pièces à produire pour l'examen :

1° Demande d'inscription à la préfecture avant le jour de l'examen;

2° Actes de naissance et de mariage, si l'aspirante est mariée, dûment légalisés par le président du tribunal ;

3° Certificat de bonne vie et mœurs, délivré par le maire et dûment légalisé par le sous-préfet ;

4° Certificat de médecin constatant qu'elle a été vaccinée, ou qu'elle a eu la petite vérole, légalisé par le maire ;

5° Certificat du maire constatant la position de fortune des père et mère et, si elle est mariée, celle de son mari, légalisé par le sous-préfet ;

6° Engagement d'exercer, pendant dix ans, dans le département la profession de sage-femme, sous peine de rembourser le montant de la pension et des autres dépenses que sa présence à l'école aura occasionnées ;

921. Les pièces ci-dessus doivent être sur papier timbré.

Contributions Directes

Déclaration à faire par les contribuables imposés à tort ou surtaxés sur les rôles.

922. Tout contribuable qui se croira imposé à tort ou surtaxé, soit dans les rôles généraux des quatre contributions directes, soit dans ceux de la taxe des prestations en nature, pourra en faire la déclaration à la mairie du lieu de l'imposition dans le mois qui suivra la publication desdits rôles.

Cette déclaration sera reçue, sans frais ni formalités, sur un registre tenu à la mairie ; elle sera signée par le réclamant ou son mandataire.

923. Les contribuables dont les déclarations n'auraient pas été portées ou maintenues sur l'état qui sera revêtu de l'avis du maire ou des répartiteurs et ceux sur la côte desquels le conseil de préfecture n'aurait pas eu à statuer en seront avisés et ils auront la faculté de présenter des demandes en dégrèvement dans les formes ordinaires, dans un délai d'un mois à partir de la date de la notification, sans préjudice des délais fixés par les lois du 21 avril 1832, article 28 et du 29 décembre 1884 article 4. (Loi du 21 juillet 1887).

924. Tout contribuable peut réclamer contre son omission au rôle (Loi du 21 avril 1832, art. 28).

Les contribuables peuvent aussi former des demandes en mutation de côte.

925. Pour la contribution foncière et des portes et fenêtres en cas de vente de l'immeuble imposé avant le 1er janvisr ou d'erreur imposition (Loi du 8 juillet 1852, art 13).

926. Pour la contribution des patentes, en cas de cession de l'établissement. (Loi du 15 avril 1880, art. 28, § 2). Les demandes peuvent être faites par le cédant ou par le concessionnaire.

§ 1er. — *Demandes en remise ou modération.*

927. Les contribuables qui ont éprouvé des pertes de revenu par l'effet d'évènements extraordinaires, ou par suite de chômage d'usine ou de vacances de maisons destinées à la location, d'une durée de trois mois au moins, peuvent former des demandes en remise ou modération de contribution (Lois du 15 septembre 1807 et 28 juin 1833).

928. En ce qui concerne la contribution foncière des maisons, on n'accorde une remise d'impôts que lorsque la vacance a duré au moins une année (Loi du 8 août 1885, art. 35).

929. Lorsque les pertes résultant d'évènements extraordinaires tels que gelées, grêle, inondation, phylloxera, incendie, etc., ont frappé une partie notable de la commune, la demande peut-être collective et formée par le maire au nom des contribuables.

930. La demande collective du maire au nom des contribuables est basée sur les déclarations faites par les perdants.

§ 2. — *Avis aux contribuables.*

931. 1° Les contributions directes sont exigibles par douzième ; 2° Les propriétaires et principaux locataires des maisons sont tenus, un mois avant le déménagement de leurs locataires ou sous-locataires, de se faire représenter les quittances de leurs contributions, à peine d'en demeurer responsables. En cas de refus de la part du locataire ou sous-locataire de produire les quittances demandées, le propriétaire ou principal locataire doit immédiatement en prévenir le percepteur, et retirer de lui une reconnaissance, par écrit, de cet avertissement ; 3° Les contribuables devront représenter leur avertissement au percepteur à chaque paiement qu'ils effectueront ; — 4° Toute quittance, pour être valable, doit être délivrée sur les coupons que le percepteur détache de son registre à souche ; il lui est interdit de se servir de ces coupons pour donner les *duplicata,* lesquels ne peuvent être délivrés que sur des feuilles de papier ordinaire ; — 5° Les réclamations en décharge et réduction doivent être présentées dans les *trois mois* de la publication des rôles ; les demandes en remise ou modération pour pertes occasionnées par des évènements extraordinaires, dans les *quinze jours* qui suivent les évènements ; et les réclamations en dégrèvement pour vacances totales ou partielles de maisons, ou pour chômages d'usines, dans les *quinze jours* qui suivent l'année ou le trimestre d'inhabitation ou de chômage. (*Les délais ci-dessus sont de rigueur*) ; 6° Les réclamations qui ne seraient pas accompagnées de la quittance des termes échus ne seront pas admises ; les contribuables devront également y joindre l'avertissement ou un extrait du rôle. Celles qui ont pour objet une côte au-dessous de 30 francs ne seront pas assujettis au timbre ; 7° Les ordonnances de décharge et réduction seront prises pour comptant et libèreront le contribuable des sommes dont la

décharge ou la réduction aura été prononcée. Aucune somme ne peut être demandée pour une côte annulée ou en sus de la côte réduite.

§ 3. — *Extrait de la loi du 4 août 1844.*

932. Tout propriétaire ou usufruitier ayant plusieurs fermiers dans la même commune, et qui voudra les charger de payer à son acquit la contribution foncière des biens qu'ils tiennent à ferme ou à loyer, devra remettre au percepteur une déclaration indiquant sommairement la division de son revenu imposable entre lui et ses fermiers. Cette déclaration sera signée par le propriétaire et par les fermiers.

933. Si le nombre des fermiers est de plus de trois, la déclaration sera transmise au directeur des contributions directes, qui opèrera la division de la contribution et portera dans un rôle auxiliaire la somme à payer par chaque fermier.

934. Les percepteurs sont tenus de délivrer, sur papier libre, à toute personne portée au rôle, qui en fait la demande, l'extrait relatif à ses contributions ou tout autre extrait de rôle ou certificat négatif. Ils ont droit à une rétribution de 25 centimes par extrait de rôle concernant le même contribuable. Lorsque la délivrance de l'extrait a pour objet une demande en dégrèvement, ils doivent, pour la dite somme, remettre autant d'extraits qu'il y a de natures de contributions donnant lieu à réclamation (art. 60 de l'instruction du 20 juin 1859).

§ 4. — *Conditions d'admission au surnumérariat des contributions directes.*

935. Nul ne peut être admis sur la liste des candidats au surnumérariat si, au 1er janvier de l'année pour laquelle la liste est ouverte, il est âgé de plus de vingt-quatre ans.

936. Tout candidat doit rédiger lui-même sa demande sous les yeux du directeur des contributions directes du département où réside sa famille et où il réside lui-même s'il est orphelin.

937. Il doit produire à l'appui de sa demande :

1° Une expédition dûment légalisée de son acte de naissance ;

2° Un certificat des autorités locales constatant qu'il jouit de la qualité de français et qu'il est de bonne vie et mœurs ;

3° La justification du grade de bachelier ès-lettres ou de celui de bachelier ès-sciences complet ;

4° Un certificat des autorités locales établissant qu'il possède personnellement ou que sa famille s'engage à lui fournir les ressources nécessaires pour subvenir, dans telle résidence que l'Administration croira devoir lui assigner, aux dépenses de toute nature qu'entraine la position de surnuméraire ;

5° Un certificat du médecin assermenté attestant « qu'il jouit d'une bonne constitution, qu'il n'est affecté ni de claudication, ni de bégayement, ni de surdité, ni d'aucune autre infirmité ou difformité qui soit de nature à le rendre impropre à un service essentiellement actif et nécessitant des rapports incessants avec le public » ;

6° Une pièce constatant, s'il y a lieu, sa situation au point de vue du service militaire.

938. Toutes les pièces exigées du candidat, y compris la demande,

sont sujettes au timbre, à l'exception de celles par lesquelles sont constatées la justification du grade de bachelier et la situation au point de vue du service militaire.

939. Les demandes d'admission peuvent être présentées au directeur des contributions directes jusqu'au 31 décembre de chaque année (*terme de rigueur*) ; celles qui sont produites après cette date n'ont d'effet que pour le concours suivant.

940. Les jeunes gens dont la candidature a été admise subissent un examen qui est divisé en deux parties : épreuves écrites et épreuves orales.

941. Les surnuméraires reçoivent une indemnité annuelle de 600 fr. pendant la dernière période de stage.

Contributions indirectes.

Conditions d'admission au Surnumérariat.

942. Nul ne peut être nommé surnuméraire, s'il ne remplit les conditions d'âge suivantes :

Pour le service des bureaux, dix-neuf ans au moins et vingt-cinq ans au plus : pour le service actif, vingt ans au moins et vingt-cinq au plus

Néanmoins, peuvent être commissionnés à dix-huit ans, les fils d'employés ainsi que les jeunes gens en possession du diplôme de bachelier ès lettre ou ès sciences, et, après vingt-cinq ans, les candidats qui auront satisfait aux épreuves du concours avant d'avoir atteint cet âge.

943. Peuvent exceptionnellement être admis jusqu'à l'âge de trente ans inclusivement, les postulants qui justifient de services militaires dont la durée compense le temps qui les place en dehors de la limite d'âge, ainsi que ceux qui justifient de services civils pouvant entrer dans la liquidation d'une pension de retraite.

944. Tout candidat devra produire :

1° Les pièces désignées aux conditions d'admission dans le contributions directes sous les numéros : 1, 2, 3, 4, 6 ci-dessus.

2° Un certificat du proviseur, principal ou chef d'institution auprès duquel il a fait ses études.

Ce certificat devra faire connaître à quelle classe les études du candidat se sont arrêtées, et énoncer en même temps qu'elle a été sa conduite pendant son séjour dans l'établissement.

Toutes ces pièces devront être établies sur papier timbré et les signatures dûment légalisées.

945. Nota. — Les candidats auront a produire un extrait du casier judiaire et à faire connaître, par déclaration *écrite*, s'ils sont, en cas d'admission, disposés à accepter leur nomination dans un ou plusieurs départements, ou dans une certaine région de la France, ou bien dans toute la France, y compris le département de la Seine, ou sauf ce département.

Cette déclaration devra toujours visée être par le chef de famille.

946. Les candidats auront a subir un examen devant un comité spécial.

947. Toutefois, ceux qui justifieraient du diplôme de licencié en droit, ès lettres ou ès sciences, serontdispensés de la formalité de l'examen.

948. Les candidats peuvent prendre connaissance du programme d'examen à la direction des contributions directes ou indirectes selon le cas.

Percepteurs surnuméraires.

Conditions d'admission.

949. Le programme de l'examen d'admission est déposé à la préfecture et se trouve dans les recueils des actes administratifs

950. Tout candidat doit avoir 19 ans accomplis et 30 ans au plus.

951. Pièces à produire pour être admis à l'examen :

1° Demande écrite par le candidat adressée au préfet.

2° Expédition des son acte de son acte de naissance ;

3° Certificat de bonne conduite délivré par le maire de la commune de sa résidence.

4° Engagement pris par sa famille de subvenir à ses moyens d'existence pendant son surnumérariat.

952. Les pièces à produire doivent être sur papier timbré.

Postes et Télégraphes.

Conditions d'admission à l'emploi de surnuméraire

953. Tout candidat surnuméraire doit adresser sa demande au directeur des postes et des télégraphes du département où il réside. cette demande doit être accompagnée des pièces suivantes :

1° Extrait de l'acte de naissance du candidat, dûment légalisé ;

2° Extrait du casier judiciaire ;

3° Déclarations de ses parents s'engageant à subvenir a ses besoins pendant la durée du surnumérariat

4° Certificat de libération du service militaire.

954. Nul ne peut être admis comme surnuméraire s'il n'est français, âgé de 17 ans révolus et de 25 ans au plus, reconnu apte au service par le médecin assermenté, et s'il n'a subi avec succés l'examen spécial dont le programme se trouve à la disposition des candidats dans tous les bureaux de postes.

955. Un diplôme complet de bachelier ès-lettres ou ès-sciences comptera pour 25 points, et les deux diplômes réunis pour 75 points. Le diplôme de licencié en droit ou celui de sortie d'une école supérieure comptera, en outre, pour 50 points, et, s'il est ajouté aux deux diplômes de bachelier, pour 75 points.

956. Nul postulant ne peut être admis à subir l'examen oral, s'il n'a obtenu au moins 200 points à l'examen écrit.

Les agents ayant obtenu au moins 400 points au total sont seuls déclarés aptes à prétendre aux emplois supérieurs.

Caisse d'épargne postale.

957. La caisse d'épargne postale est placée, par la loi, *sous la garantie de l'État.*

958. Elle donne à toute personne la faculté de placer, dans des *conditions de sécurité absolue*, le produit de ses économies.

Le minimum de chaque versement est fixé à *un franc* (1 fr.) Le compte de chaque personne ne peut dépasser *deux mille francs* (2.000 fr.) versés en *une* ou *plusieurs* fois.

959. *Livret national délivré gratuitement* — Après le premier versement, il est remis *gratuitement* à l'intéressé *un livret national*, au moyen duquel *tout déposant peut continuer ses versements et retirer son argent dans les 6,000 bureaux de poste, ouverts tous les jour, y compris les dimanches et jours fériés, au service de la caisse d'épargne postale.*

960. *Intérêt* — Les sommes déposées produisent un intérêt annuel de *trois francs pour cent* (3 p. %). Cet intérêt par du 1er ou 16 de chaque mois qui suit le jour du versement. Au 31 décembre de chaque année, l'intérêt acquis s'ajoute au capital et devient lui-même productif d'intérêt.

961. *Achat gratuit de rentes.* — Tout déposant dont le crédit est suffisant pour acheter *dix francs*)10 fr,) de rente ou *davantage* peut faire opérer cet achat *sans frais*, par la caisse d'épargne postale.

962. *Transferts*, — Tous les receveurs de poste se chargent de remplir les formalités voulues pour faire transférer à la caisse d'épargne postale, *sans frais pour les intéressés*, les fonds déposés dans les caisses d'épargne privées.

963. *Femmes mariées.* — Les femmes mariées peuvent se faire délivrer des livrets *sans l'assistance de leur maris.*

964. *Mineurs.* — Les mineurs peuvent également se faire ouvrir des livrets *sans l'intervention de leur représentant légal.*

965 — *Versements.* — A chaque versement, il est remis au déposant une quittance *extraite d'un livre souche* en échange de laquelle le livret lui est rendu dans le délai maximum de trois jours francs, soit au bureau de poste, *soit à domicile, s'il en a exprimé le désir.*

966. *Remboursements.* — Tout déposant qui veut se faire rembourser soit la *totalité*, soit seulement une portion quelconque de son compte courant, doit adresser, *directement* au Directeur général des postes et des télégraphes, à Paris, une *demande de remboursement* rédigée sur une des formules spéciales qui sont à la disposition du public *dans tous les bureaux de poste* et qui diffèrent suivant que le remboursement est partiel ou intégral. Le remboursement est autorisé, autant que possible, par le retour du courrier, le payement n'en est effectué que lorsque l'indentité du bénéficiaire est dûment établie.

967. Tout déposant peut demander et obtenir, par télégraphe, un remboursement à valoir sur son compte d'épargne, aux conditions ci-après,

968. La taxe du télégramme de demande et de la réponse est à la charge du déposant. Si celui-ci acquitte seulement le prix du télégramme de demande, l'autorisation de remboursement lui est envoyée, sans frais par la poste.

Timbre, Amendes, Réclamations, Enregistrement

969. La loi de brumaire, an VII soumet aux droits de timbre, les pétitions et mémoires, même en forme de lettres, présentés au pouvoir exécutif, aux ministres, à toutes les autorités constituées et aux administrations ou établissements publics, sous peine d'amende.

970. Sont exceptées, toutefois, du droit et de la formalité du timbre, savoir :

1° Les demandes des militaires pour secours, congés de convalescences, absolus ou limités

2° Les demandes de secours faites par les indigents ou par les maires pour leurs administrés, en cas d'incendie, d'inondation, de grêle, d'épizootie et autres cas fortuits ou malheureux dûment constatés.

3° Les pétitions des déportés et réfugiés des colonies, tendant à obtenir des certificats de résidence, passeports et passages pour retourner dans leurs pays.

4° Les observations que les propriétaires ont aux termes de l'art. 24 de la loi du 15 septembre 1807, à fournir aux maires avant l'expiration du mois accordé pour prendre communication du classement cadastral.

5° Les réclamations en charge ou réduction des contributions foncière, personnelle mobilière, des portes et fenêtres et des patentes, ayant pour objet une cote moindre de 30 francs.

6° Les réclamations auxquelles peuvent donner lieu la composition de la liste des électeurs des tribunaux de commerce et celle des électeurs en matière électorale.

7° Les pièces nécessaires au mariage des indigents, à la légitimation de leurs enfants naturels, et au retrait de ces enfants déposés dans les hospices.

Les exceptions indiquées ci-dessus doivent toujours être constatées.

§ 1. — *Réclamations. — Amendes et suppléments de droits*

971. Lorsqu'il s'agit d'amendes encourues et que les contraventions sont excusables ou proviennent d'erreur, on peut se pourvoir auprès du ministre des finances pour obtenir la remise entière ou partielle des amendes. La pétition, rédigée sur papier timbré, peut être remise au receveur du bureau ou adressée par la poste soit au directeur général à Paris, soit au ministre des finances. On peut également se pourvoir par la même voie afin d'obtenir soit des délais pour le payement des suppléments de droits et des amendes, soit des prorogations de délai pour passer les déclarations de successions. — MM les notaires peuvent faire ces réclamations pour les parties.

§ 2. — *Enregistrement de baux et de locations verbales*

Extraits des lois des 22 frimaire an VII, 23 août 1871 et 28 février 1872

972. Les beaux à ferme ou à loyer, sous-baux, cessions et subrogations de baux et les engagements, sous signatures privées, de biens immeubles, seront enregistrés dans les trois mois de leur date (Loi de frimaire)

973. Lorsqu'il n'existe pas de convention écrite constatant une mutation de jouissance de biens immeubles, il y est suppléé par des déclarations détaillées et estimatives dans les trois mois de l'entrée

en jouissance Si la location est faite suivant l'usage des lieux, la déclaration en contiendra la mention. Les droits d'enregistrement deviendront exigibles dans les vingt jours qui suivront l'échéance de chaque terme, et la perception en sera continuée jusqu'à ce qu'il ait été déclaré que le bail a cessé ou qu'il a été résilié. En cas de déclaration insuffisante, il sera fait application des dispositions des articles 19 et 39 de la loi du 22 frimaire an VII. La déclaration doit être faite par le preneur, ou à son défaut par le bailleur, ainsi qu'il est dit ci-après. Ne sont pas assujetties à la déclaration les locations verbales ne dépassant pas trois ans et dont le prix annuel n'excède pas 100 francs. Toutefois, si le même bailleur a consenti plusieurs locations verbales de cette catégorie, mais dont le prix cumulé excède 100 francs annuellement, il sera tenu d'en faire la déclaration et d'acquitter personnellement et sans recours les droits d'enregistrement. Si le prix de la location verbale est supérieur à 100 francs, sans excéder 300 francs annuellement, le bailleur sera également tenu d'en faire la déclaration et d'acquitter les droits exigibles, sauf son recours contre le preneur, qui sera dispensé, dans ce cas, de la formalité de la déclaration. Le droit sera exigible lors de l'enregistrement ou de la déclaration. Toutefois, si le bail est de plus de trois ans et si les parties le requièrent, le montant du droit pourra être fractionné en autant de payements égaux qu'il y aura de périodes triennales dans la durée du bail. Le payement des droits afférents à la première période sera seul acquitté lors de l'enregistrement ou de la déclaration, et celui des périodes subséquentes aura lieu dans le premier mois de l'année qui commencera chaque période. La dernière disposition du n° 2 du paragraphe 3 de l'article 69 de la loi du 22 frimaire an VII, relative aux baux de trois, six ou neuf années, est abrogée. Les dispositions du présent article ne seront exécutoires qu'à partir du 1er octobre prochain. (Art. 11. Loi du 23 août 1871).

974. A défaut d'enregistrement ou de déclaration dans les délais fixés par la loi du 22 frimaire an VII et par l'article 11 de la présente loi, le bailleur et le preneur sont tenus personnellement et sans recours, nonobstant toute stipulation contraire, d'un droit en sus, lequel ne peut être inférieur à 50 francs (60 francs, décimes compris). Le bailleur peut s'affranchir du droit en sus qui lui est personnellement imposé, ainsi que du versement immédiat des droits simples, en déposant dans un bureau d'enregistrement l'acte constatant la mutation, ou, à défaut d'acte, en faisant la déclaration prescrite par l'article 11 de la présente loi. Outre les délais fixés pour l'enregistrement des actes ou déclarations, un délai d'un mois est accordé au bailleur pour faire le dépôt ou la déclaration autorisée par le paragraphe qui précède. Les dispositions du présent article ne sont pas applicables au preneur dans les cas prévus par les paragraphes 5 et 6 de l'article 11 ci-dessus. (Art. 14. Même loi).

975. Art. 9. — Les obligations imposées au preneur, dans les cas de location verbale, par l'article 11 de la loi du 23 août 1871, seront accomplies, à l'avenir, par le bailleur, qui sera tenu du payement des droits, sauf son recours contre le preneur. Néanmoins les parties restent solidaires pour le recouvrement du droit simple. (Art. 6. Loi du 28 février 1872).

Juridiction civile

§ 1er. — *Juge de paix*

976. Le juge de paix est un magistrat de famille, essentiellement conciliateur ; c'est un père au milieu de ses enfants et dont les soins constants doivent tendre à assurer le bonheur de tous. Sa mission principale est d'imposer, par la seule puissance de ses conseils, le respect des droits et l'exécution des obligations.

977. Ses fonctions consistent, au civil, à juger sommairement ces contestations qui, à raison de leur nature spéciale, peuvent être mieux appréciées par le juge de la localité ; à concilier les parties, s'il est possible sur toutes les affaires non dispensées du préliminaire de conciliation, et qui ne sont pas de sa compétence ; a présider les délibérations dans lesquelles se débattent les intérêts des mineurs, des interdits, etc. et parfois aussi de délicates questions de famille ; à assister, dans l'intérêt des incapables et des absents, aux opérations de scellés qui ne sauraient exiger de sa part trop de soin, de discernement et de savoir, enfin à faire certains actes de juridiction purement gracieuse. Au criminel, il est appelé à juger les contraventions dont la connaissance lui est attribuée soit par le code pénal, soit par des lois spéciales, et à remplir, dans les cas prévus par le code d'instruction criminelle, les fonctions d'officier de police judiciaire.

Avertissement préalable

978. Depuis la loi du 2 mai 1855 l'avertissement est obligatoire, ainsi dans toutes les causes, excepté celles qui requièrent célérité et celles dans lesquelles le défendeur serait domicilié hors du canton ou des cantons de la même ville. il est interdit aux huissiers de donner aucune citation en justice, sans qu'au préalable le juge de paix ait appelé les partis devant lui, au moyen d'un avertissement sur papier non timbré, rédigé et délivré par le greffier.

§ 2. — *Compétence des juges de paix*

(Loi du 25 mai 1838).

979. Les juges de paix connaissent de toutes les actions purement personnelles ou mobilières, en dernier ressort, jusqu'à la valeur de 100 francs, et, à charge d'appel, jusqu'à la valeur de 200 francs. (Art 1er).

980. Les juges de paix prononcent, sans appel, jusqu'à la valeur de 100 francs ; et, à charge, jusqu'au taux de la compétence en dernier ressort des tribunaux de première instance.

981. Sur les contestations entre les hôteliers, aubergistes ou logeurs, et les voyageurs ou locataires en garni, pour dépenses d'hôtellerie, et pertes ou avarie d'effets déposés dans l'auberge ou dans l'hôtel.

982. 1° Entre les voyageurs et les voituriers ou bateliers, pour retard, frais de route et perte ou avarie d'effets accompagnant les voyageurs.

983, 2° Entre les voyageurs et les carrossiers au autres ouvriers, pour fourniture, salaires et réparations faites aux voitures de voyage. (Ar. 2).

984. Les juges de paix connaissent, sans appel, jusqu'à la valeur de 100 francs, et, à charge d'appel, à quelque valeur que la demande puisse s'élever.

985. Des actions en paiement de loyers ou fermages, de congés, de demandes en résiliation de baux, fondées sur le seul défaut de paiement de loyers ou fermages, des expulsions de lieux et des demandes en validité de saisie-gagerie, le tout lorsque les locations verbales ou par écrit n'excèdent pas annuellement : à Paris, 400 fr., et 200 francs partout ailleurs. (Depuis 1855, 400 francs partout).

986. Si le prix principal du bail consiste en denrées ou prestations en nature, appréciables d'après les mercuriales, l'évaluation sera faite sur celles du jour de l'échéance, lorsqu'il s'agira du paiement des fermages ; dans les autres cas, elle aura lieu suivant les mercuriales du mois qui aura précédé la demande. Si le prix principal du bail consiste en prestation non appréciable d'après les mercuriales, ou s'il s'agit de baux à colons partiaires, le juge de paix déterminera la compétence, en prenant pour base du revenu de la propriété, le principal de la contribution foncière de l'année courante, multiplié par cinq (Art. 3).

987. Les juges de paix connaissent, sans appel, jusqu'à la valeur de cent francs, et, à charge d'appel, jusqu'aux taux de la compétence en dernier ressort des tribunaux de première instance :

1° Des indemnités réclamées par le locataire ou fermier, pour non-jouissance provenant du fait du propriétaire, lorsque le droit à une indemnité, n'est pas contesté ;

2° Des dégradations et pertes, dans les cas prévus par les articles 1732 et 1735 du code civil.

Néanmoins le juge de paix ne connaît des pertes causées par incendie ou inondation que dans les limites posées par l'art. 1er de la présente loi (Art. 4).

988. Les juges de paix connaissent également sans appel, jusqu'à la valeur ne cent francs ; et, à charge d'appel, à quelque valeur que la demande puisse s'élever :

1° Des actions pour dommages faits aux champs, fruits et récoltes, soit par l'homme, soit par les animaux, et de celles relatives à l'élagages des arbres ou haies, et au curage, soit des fossés, soit des canaux servant à l'irrigation des propriétés ou au mouvement des usines, lorsque les droits de propriété ou de servitude ne sont pas contestés ;

2° Des réparations locatives des maisons ou fermes, mises par la loi à la charge du locataire ;

3° Des contestations relatives aux engagements respectifs des gens de travail au jour, au mois et à l'année, et de ceux qui les emploient ; des maîtres et des domestiques, ou gens de service à gage, des maîtres et de leurs ouvriers ou apprentis, sans néanmoins qu'il soit dérogés aux lois et règlements relatifs à la juridiction des prud'hommes.

4° Des contestations relatives au paiement des nourrices, sauf ce qui est prescrit par les lois et règlements d'administration publique à l'égard des bureaux de nourrices de la ville de Paris et de toutes les autres villes.

5° Des actions civiles pour diffamation verbale et pour injures publiques ou non publiques, verbales ou par écrit, autrement que par la voie de la presse ; des mêmes actions pour rixes ou voies de fait ; le tout lorsque les parties ne se sont pas pourvues par la voie criminelle. (Art. 5).

989. Les juges de paix connaissent en outre, à charge d'appel :

1° Des entreprises commises, dans l'année, sur les cours d'eau servant à l'irrigation des propriétés et au mouvement des usines et moulins, sans préjudice des attributions de l'autorité administrative dans les cas déterminés par les lois et par les règlements ; des dénonciations de nouvel œuvre, complaintes, actions en réintégrande et autres actions possessoires fondées sur des faits également commis dans l'année ;

2° Des actions en bornage et de celles relatives à la distance prescrite par la loi ; les réglements particuliers à l'usage des lieux, pour les plantations d'arbres ou de haies, lorsque la propriété ou les titres qui l'établissent ne sont pas contestés ;

3° Des actions relatives aux constructions et travaux énoncés dans l'art. 674 du code civil, lorsque la propriété ou la mitoyenneté du mur ne sont pas contestées ;

4° Des demandes en pension alimentaire n'excédant pas cent cinquante francs par an, et seulement lorsqu'elles seront formées en vertu des art. 205, 206 et 207 du Code civil (art. 6).

990. Les juges de paix connaissent de toutes les demandes reconventionnelles ou en compensation qui, par leur nature ou leur valeur, sont dans les limites de leur compétence, alors même que, dans les cas prévus par l'art. 1er, ces demandes, réunies à la demande principale, s'élèveraient au-dessus de deux cents francs. Ils connaissent, en outre, à quelque somme qu'elles puissent monter, des demandes reconventionnelles en dommages-intérêts, fondées exclusivement sur la demande principale elle-même (art 7).

991. Lorsque chacune des demandes principales reconventionnelles ou en compensation sera dans les limites de la compétence du juge de paix, en dernier ressort, il prononcera sans qu'il y ait lieu à appel.

992. Si l'une de ces demandes n'est susceptible d'être jugée qu'à charge d'appel, le juge de paix ne prononcera sur toutes qu'en premier ressort.

993. Si la demande reconventionnelle ou en compensation excède les limites de sa compétence, il pourra, soit retenir le jugement de la demande principale, soit renvoyer, sur le tout, les parties à se pourvoir devant le tribunal de première instance, sans préliminaire de conciliation (art. 8).

994. Lorsque plusieurs demandes formées par la même partie sont réunies dans une même instance, le juge de paix ne prononce qu'en premier ressort si leur valeur totale s'élève au-dessus de cent francs, lors même que quelques-unes de ces demandes seraient inférieures à cette somme Il sera incompétent sur le tout, si ces demandes excèdent, par leur réunion, les limites de sa juridiction (art. 9).

995 Dans les cas où la saisie-gagerie ne peut avoir lieu qu'en vertu de permission de justice, cette permission sera accordée par le juge de paix du lieu où la saisie devra être faite, toutes les fois que les causes rentrent dans sa compétence.

S'il y a opposition de la part des tiers pour des causes et pour des sommes qui, réunies, excéderaient cette compétence, le jugement en sera déféré aux tribunaux de première instance (art. 10).

§ 3. — *Tribunaux de première instance.*

996. Ces tribunaux jugent en général les affaires à quelque somme qu'elles puissent s'élever ; mais jusqu'à 1500 francs leurs jugements sont sans appel, tandis qu'au dessus de cette somme ils sont susceptibles d'appel devant la Cour.

997. En général, tout jugement, soit de justice de paix, soit d'un tribunal de première instance doit être précédé d'une tentative de conciliation.

§ 4. — *Cours d'appel.*

998. C'est devant les cours d'appel comme leur nom l'indique, qu'on interjette appel des jugements rendus par les tribunaux inférieurs, (les tribunaux civils correctionnels et ceux de commerce) Les jugements rendus par les juges de paix ne relèvent pas des cours d'appel : Ce sont les tribunaux civils qui constituent la juridiction d'appel pour les justices de paix.

Juridiction criminelle

§ 1er. — *Cours d'assises.*

999. Les cours d'assises ne sont pas des tribunaux permanents. Ce qui les distingue des autres tribunaux, c'est qu'elles sont composées de deux éléments distincts : 1° de simples citoyens qui forment le jury et qui sont chargés de prononcer simplement sur la culpabilité des accusés ; 2° de magistrats qui ont pour rôle d'appliquer la peine aux accusés déclarés coupables par le jury.

§ 2. — *Tribunaux correctionnels.*

1000. Ces tribunaux jugent les délits et leurs jugements sont susceptibles d'appel devant la Cour d'appel.

§ 3. — *Tribunaux de simple police.*

1001. Ces tribunaux sont présidés par le juge de paix et jugent les contraventions. Ces jugements sont susceptibles d'appel devant les tribunaux correctionnels.

Juridiction suprême

§ 1er. — *Cour de cassation.*

1002. La cour de cassation est un tribunal suprême qui siège à Paris et qui a pour mission de casser et d'annuler les jugements lorsqu'ils ont été rendus contrairement à la loi ou en l'absence des formes prescrites.

Actions judiciaires

1003. C'est une demande judiciaire basée sur un titre ou sur la loi, par laquelle le demandeur requiert que celui contre qui il agit ait à le satisfaire, ou qu'il y soit condamné par le juge ; et l'on dit *avoir action contre quelqu'un*, pour dire avoir droit de former contre lui la demande dont nous venons de parler.

1004. Les actions se divisent en *personnelles*, en *réelles* et en *mixtes*.

1005. Par l'action personnelle on agit contre celui qui est obligé envers une autre personne par une des quatre causes générales d'où peut naître l'obligation personnelle Ces causes sont : le contrat, le quasi-contrat, le délit et le quasi-délit. Ainsi, je vous ai prêté de l'argent et vous m'avez fait un billet ; vous êtes *personnellement* obligé, et si vous ne me payez pas au terme convenu, j'ai une action personnelle contre vous, que je puis exercer par toutes les voies de droit.

1006. L'action réelle est celle qu'on a pour se faire remettre en possession d'une chose qui est détenue par un autre, et qui appartient à celui qui la réclame ; de telle sorte que celui-ci a droit de revendiquer cette chose, quelqu'en soit le détenteur. Ainsi, je vous ai vendu un immeuble sur lequel j'ai pris hypothèque, pour garantie du prix que vous ne m'avez pas payé. Vous vendez en fraude de mes droits cet immeuble, et l'acquéreur ne remplit pas les formalités imposées par la loi pour la purge des hypothèques. J'ai une action *personnelle* contre vous qui vous êtes engagé envers moi à me payer mon prix ; mais j'ai aussi une deuxième action, une action réelle sur l'immeuble, qui le suit dans quelques mains qu'il passe, et j'ai le droit de me le faire restituer.

1007. L'action mixte est tout à la fois personnelle et réelle, c'est-à-dire que celui qui l'exerce agit en même temps en revendication d'une chose qui lui appartient et en demande le paiement.

§ 1er. — *Devant quels tribunaux se portent ces actions ?*

1008. L'action personnelle se porte au tribunal du domicile du défendeur, et à celui de la résidence à défaut de domicile.

1009. L'action réelle, au tribunal de l'arrondissement où est situé l'objet en litige.

1010. L'action mixte se porte, au choix du demandeur, soit au tribunal du domicile du défendeur, soit à celui de la situation de la chose en contestation.

§ 2. — *Action civile-publique.*

1011. Tout crime ou délit donne lieu à deux actions séparées et distinctes :

L'action publique, qui appartient à la société pour le maintien de l'ordre, et qui est exercée au nom de tous par un magistrat appelé dans les tribunaux de police, commissaire de police ou adjoint de maire ; dans les tribunaux de première instance, procureur de la république ; et dans les cours d'appel, procureur général. Cette action a pour but la repression du fait qualifié crime ou délit, et l'application de la peine légale Puis, à côté de l'action publique, l'action civile, qui appartient à tout individu auquel le crime ou délit a causé un dommage ; celle-ci ne peut avoir pour but que la réparation du préjudice souffert.

1012. Ces deux actions peuvent s'exercer devant le même tribunal, ou devant des juges différents ; elles ne peuvent pas se gêner ou se nuire mutuellement. Celui qui a supporté un dommage peut toujours, même sans porter plainte au criminel, intenter une action civile contre l'auteur de ce dommage devant les tribunaux civils, et la mort même du prévenu, qui a pour résultat d'éteindre l'action publique, laquelle n'a pour but qu'une répression personnelle, n'empêche nullement l'exercice de l'action privée, qui peut alors s'adresser aux héritiers ou représentants du défunt. Cette action ne peut être éteinte que par la prescription.

Moyens d'éviter les procès

1013. Les procès sont toujours ruineux pour les familles et je conseille tous les efforts possibles pour les éviter. Ce vieil adage : « Le plus mauvais des arrangements vaut mieux que le meilleur des procès » est très vrai et définit parfaitement les conséquences des contestations soumises à la justice.

1014. Pour prévenir ou arrêter les procès, trois moyens peuvent être employés savoir :

1° La transaction ;
2° L'expertise ;
3° L'arbitrage.

§ Ier. — *De la transaction.*

1015. La transaction est un contrat par lequel les parties terminent une contestation née ou préviennent une contestation à naître.

1016. Ce contrat doit être rédigé par écrit. On exige que la transaction soit rédigée par écrit, même au-dessous de 150 fr., parce qu'elle a pour but d'éteindre ou de prévenir les procès ; il ne faut donc pas qu'elle puisse en faire naître, ce qui aurait lieu si une partie niant qu'il y ait eu transaction, l'autre pouvait le prouver par témoin. Du reste, la transaction est un contrat non *solennel*, pour lequel il n'y a pas de formalités particulières. Elle est *judiciaire* ou *extra-judiciaire* : judiciaire, lorsque, dans le cours d'un procès, les parties rédigent leur transaction en forme de jugement et la font sanctionner par le tribunal : on la nomme alors *expédient* : extra-judiciaire, lorsqu'elle est rédigée par acte sous signature privée ou devant notaire.

1017. Pour transiger, il faut avoir la capacité de disposer des objets compris dans la transaction. Le tuteur ne peut transiger pour le mineur ou l'interdit, que conformément au titre *de la minorité, de la tutelle et de l'émancipation* ; et il ne peut transiger avec le mineur devenu majeur, sur le compte de tutelle, que conformément au même titre. Les communes, les établissements publics, ne peuvent transiger qu'avec l'autorisation expresse du pouvoir exécutif.

1018. En effet, dans une transaction, les parties, dans le but de terminer leurs différends, se font des concessions mutuelles et aliènent une partie des droits qu'elles pouvaient avoir sur les objets de la transaction. Ainsi, le mineur émancipé peut transiger sur ses revenus, il ne le peut pas sur ses capitaux ; la femme séparée de biens, sur son mobilier, et non sur ses immeubles.

1019. On peut transiger sur l'intérêt civil qui résulte d'un délit ; la transaction n'empêche pas la poursuite du ministère public.

1020. On distingue bien le préjudice causé par le délit du délit lui-même ; le préjudice est fait à des particuliers, c'est à eux en demandant la réparation ; ce délit trouble l'ordre public et blesse la société, c'est à elle à en poursuivre la vengeance.

1021. Les transactions ont, entre les parties, l'autorité de la chose jugée en dernier ressort. Elles ne peuvent être attaquées pour cause d'erreur de droit, ni pour cause de lésion.

1022. Ainsi, par une transaction valable, la contestation est éteinte irrévocablement, et les parties ne peuvent plus revenir.

1023. Si, par exemple, une contestation s'élève entre un héritier et un légataire, relativement à un legs dont ce dernier demande la délivrance, l'héritier transige ; postérieurement il découvre que le testament invoqué par le légataire est nul, il en fait alors prononcer la nullité ; il pourra aussi demander celle de sa transaction. Mais si la contestation s'était élevée sur la validité du testament, et que la transaction eût été passée sur la cause de nullité existante, elle ne pourrait plus être annulée, quand même on découvrirait que le testament est réellement nul.

1024. La transaction faite sur pièces qui depuis ont été reconnues fausses, est entièrement nulle. La transaction sur procès terminé par un jugement passé en force de chose jugée, dont les parties ou l'une d'elles n'avaient point connaissance, est nulle. Si le jugement, ignoré des parties, était susceptible d'appel, la transaction serait valable, parce que, dans ce dernier cas, la contestation n'étant pas encore terminée irrévocablement, il restait encore à la partie condamnée une voie qui lui était toujours ouverte, Ainsi le doute subsistant, la transaction doit être valable.

1025. L'erreur de calcul dans une transaction doit être réparée. Cette erreur est évidemment contraire à l'intérêt des parties.

§ 2. — *De l'expertise.*

1026. On appelle *expertise* l'opération à laquelle se livrent les experts, et *rapport*, l'exposé qu'ils fournissent de leurs opérations.

1027. L'expertise est volontaire ou forcée.

1028. Elle est volontaire lorsque pour prévenir un procès, les parties consentent à désigner elles-mêmes un ou plusieurs experts chargés de statuer sur la question qui les divise. Dans ce cas un compromis préalablement signé par lesdits parties définit la mission des experts.

1029. L'expertise est forcée lorsqu'elle est ordonnée par le juge.

§ III. — *De l'arbitrage.*

1030. On distingue deux sortes d'arbitrage volontaire : l'arbitrage ordinaire, c'est-à-dire par des arbitres qui doivent suivre les règles et les formules du droit, et l'arbitrage par *amiables compositeurs*, c'est-à-dire par des personnes qu'on dispense de se soumettre à ces règles, et qui ne jugent que d'après les inspirations de l'équité.

1031. La volonté des parties, de remettre à des arbitres le jugement de leurs différends, se manifeste par un acte appelé *compromis.*

1032. On appelle arbitres des espèces de juges spéciaux et sans caractère public, choisis par les parties ou imposés par la justice, à l'effet de décider sur une contestation.

1033. On voit par là qu'il y a deux sortes d'arbitrage : le *volontaire*, en matière, soit civile, soit commerciale ; le *forcé*, en matière de *société de commerce*.

1034. En général, les parties peuvent choisir qui bon leur semble pour arbitres, pourvu que celles qu'elles choisissent ne soient pas dans un cas d'incapacité qui les priverait eux mêmes du droit de gérer leurs propres affaires. Sont donc incapables de remplir ces fonctions les mineurs, les femmes, les interdits, les condamnés, etc., etc.

1035. Le tribunal arbitral peut se composer d'autant de juges qu'il plait aux parties ; d'un seul, si elles le veulent ainsi. D'ordinaire, chacune nomme le sien. Il est bon cependant de les nommer en nombre impair, pour éviter les inconvénients et les lenteurs qu'entraînent un partage et la nécessité d'élire un tiers-arbitre.

1036. Quand les parties ont pris par compromis l'engagement de faire juger par des arbitres leur contestation présente ou à venir, si l'une d'elles refuse de nommer un arbitre, l'autre peut le faire nommer par le tribunal.

1037. On peut, en principe, faire trancher par arbitres tout différend sur les droits dont on a la libre disposition.

1038. Mais on ne peut compromettre sur les dons et legs d'aliments, logement et vêtements ; sur les sépatations d'entre mari et femme, divorcés, questions d'état, ni sur aucune des contestations qui seraient sujettes à communication au ministère public.

1039. Le compromis pourra être fait par procès-verbal devant les arbitres choisis, ou par acte devant notaire, ou sous signature privée.

1040. Le compromis désignera les objets en litige et les noms des arbitres, à peine de nullité.

1041. Le compromis sera valable, encore qu'il ne fixe pas de délai ; et, en ce cas, la mission des arbitres ne durera que trois mois, du jour du compris.

1042. Pendant le délai de l'arbitage, les arbitres ne pourront être révoqués que du consentement unanime des parties.

1043. Le compromis finit, 1° par le décès; refus, départ ou empêchement d'un des arbitres, s'il n'y a clause qu'il sera passé outre, ou que le remplacemsnt sera au choix des parties ou au choix de l'arbitre ou des arbitres restants ; 2° par l'expiration du délai stipulé, ou de celui de trois mois s'il n'en a pas été réglé ; 3° par le partage, si les arbitres n'ont pas le pouvoir de prendre un tiers-arbitre.

1044 Le décès, lorsque tous les héritiers sont majeurs, ne mettra pas fin au compromis : le délai pour instruire et juger sera suspendu pendant celui pour faire inventaire et délibérer.

1045. En cas de partage, les arbitres volontaires, autorisés à nommer un tiers-arbitre, doivent le faire par la décision qui prononce le partage. S'ils ne peuvent en convenir, ils le déclare dans le procès-verbal, et le tiers-arbitre est alors nommé par le président du tribunal, qui doit prononcer l'exécution de la sentence arbitrale. Rien ne s'oppose, du reste, à ce que les parties, au lieu d'autoriser les arbitres à élire le tiers-départiteur, se réservent le droit de faire elles-mêmes ce choix — Quand c'est le président du tribunal qui le fait, il en est prié par une requête que présente. soit un arbitre, soit même une des parties.

1046. La sentence arbitrale se rend comme les jugements ordinaires, à la majorité des voix.

1047. Ces sentences ont entre les parties la même autorité ou *force exécutoire* que les jugements ordinaires.

1048. Seulement, il faut qu'elles soient revêtues de l'ordonnance d'*exéquatur* du président du tribunal de première instance dans le ressort duquel la sentence arbitrale a été rendue : A cet effet, la minute sera déposée dans les trois jours, par l'un des arbites, au greffe du tribunal.

Assistance judiciaire.

1049. Cette institution, créée par la loi du 22 janvier 1851 a pour but de mettre les indigents en mesure de faire valoir leurs droits devant les tribunaux et de leur procurer dans le sens le plus complet du mot le bénéfice de gratuité de la justice.

1050. Quiconque demande a être admis à l'assistance judiciaire doit fournir 1° Un extrait du rôle de ses contributions ou un certificat de percepteur de son domicile constatant qu'il n'est pas imposé ; 2° Une déclaration attestant qu'il n'est, à raison de son indigence, dans l'impossibilité d'exercer ses droits en justice et contenant l'énumération détaillé de ses moyens d'existence quelsqu'ils soient, Le réclamant affirme la sincérité de sa déclaration devant le maire de la commune de son domicile ; le maire lui en donne acte au bas de la déclaration.

1051. La demande doit être adressée à M. le Procureur de la République du tribunal du domicile du réclamant ; elle doit être écrite sur papier libre ainsi que les deux pièces ci-dessus.

Assurances sur la vie garanties par l'État

Caisse d'assurances en cas de décès.

Loi du 11 juillet 1868.

1052. La caisse d'assurances en cas de décès a pour objet d'assurer aux héritiers ou ayants droit de l'assuré, lors du décès de celui-ci, le payement d'un capital déterminé par le versement d'une *prime unique* ou de *primes annuelles*.

Les primes annuelles peuvent être stipulées payables pendant un nombre d'années déterminé, ou jusqu'au décès de l'assuré.

A toute époque, l'assuré peut convertir les primes qu'il s'est engagé à payer en primes payables pendant un nombre d'années moindre

Les sommes assurées sur une même tête ne peuvent excéder 3,000 francs. Elles sont insaisissables et incessibles, jusqu'à concurrence de la moitié, sans toutefois que la partie insaisissable et incessible puisse descendre au-dessous de 600 francs.

L'assurance faite moins de deux ans avant le décès de l'assuré demeure sans effet. Dans ce cas, les versements effectués sont restitués aux ayants droit avec les intérêts simples à 4 0/0.

L'assurance peut être conctractée sur la tête de toute personne de l'un ou de l'autre sexe âgée de plus de 16 ans et de moins de 60 ans.

Toute personne qui veut s'assurer fait une proposition à la Caisse des dépôts et consignations, soit directement, soit par l'intermédiaire des trésoriers payeurs généraux, des receveurs des finances, des percepteurs des contributions directes ou des receveurs des postes.

Cette proposition est toujours accompagnée d'un versement qui comprend la prime entière, si l'assurance se fait par prime unique, ou la première annuité, si l'assurance à lieu par primes annuelles Elle peut être signée par l'assuré ou par son mandataire spécial dûment autorisé. A l'appui de cette proposition, l'assuré doit produire un extrait de son acte de naissance, ou, à défaut, l'acte de notoriété qui le remplace.

Les primes annuelles autres que la première sont payables chaque année, à l'échéance indiqué par la date du premier versement. Elles peuvent être acquittées par toute personne munie du livret, dans toute localité, entre les mains des comptables susdésignés.

La demande de payement ou de remboursement, après le décès d'un assuré, doit être adressée par les parties intéressées, ou en leur nom, au Directeur général de la Caisse des dépôts et consignations, à Paris, soit directement, soit par l'entremise des préposés et agents désignés pour recevoir les versements. Cette demande doit être accompagnés du *livret-police,* de l'acte de décès de l'assuré, d'un certificat de propriété constatant les droits des réclamants.

1053. Primes à payer d'après les tarifs pour une assurance de 100 francs payable au décès

AGES	PRIMES UNIQUES	PRIMES ANNUELLES A PAYER PENDANT				
		5 ans	10 ans	15 ans	20 ans	la durée de la vie
De 16 à 17 ans.	25f 9679	5f 63623	3f 15323	2f 38572	1f 93636	1f 33283
De 20 à 21.....	27 5383	5 98608	3 35210	2 49722	2 08117	1 43231
De 25 à 26.....	29 6755	6 44793	3 61197	2 69505	2 24947	1 58514
De 30 à 31.....	32 1799	6 99115	3 92395	2 92119	2 44324	1 77723
De 35 à 36.....	35 2214	7 63197	4 28798	3 19878	2 63316	2 09879
De 40 à 41.....	39 3372	8 53975	4 80686	3 61157	3 05324	2 41063
De 45 à 46.....	44 4128	9 67117	5 48563	4 16560	3 55113	2 93993
De 50 à 51.....	49 5238	10 8157	6 2'495	4 75663	4 10701	3 57192
De 55 à 56.....	54 8156	12 0,63	6 96590	5 41903	4 77607	4 366 6
De 59 à 60.....	59 4151	13 0657	7 67633	6 107.7	5 50559	5 20604

Assurances collectives en cas de décès des Sociétés de Secours Mutuels.

1054. Les sociétés de secours mutuels approuvées sont autorisées à contracter des assurances collectives, à l'effet de s'assurer, au décès de chacun de leurs sociétaires, une somme fixe, qui dans aucun cas ne peut excéder 1.000 francs.

Ces assurances sont faites *pour une année* et d'après les tarifs spéciaux déduits des règles générales déterminées par la loi. Elles doivent comprendre *tous* les membres de la société.

Le payement des sommes dues à une société, par suite du décès d'un de ses membres, est effectué entre les mains du trésorier de cette société dûment autorisé.

CAISSE DE RETRAITES POUR LA VIEILLESSE GARANTIE PAR L'ETAT

(Lois des 18 juin 1850, 12 juin 1861, 4 mai 1864 et 20 juillet 1886).

1053. La Caisse de retraites pour la vieillesse a pour objet d'assurer aux déposants une rente payable jusqu'à leur décès, à partir d'une année d'âge fixée à leur choix de 50 à 65 ans. A partir de ce dernier âge, les versements effectués donnent droit à une rente avec jouissance immédiate.

Les versements peuvent être faits au profit de toute personne de l'un et de l'autre sexe âgée de plus de 3 ans.

Le versement fait pendant le mariage par l'un des conjoints profite séparément à chacun d'eux par moitié, sauf dans le cas de séparation de biens ou d'autorisation judiciaire.

Les versements peuvent être faits à *capital aliéné* ou à *capital réservé* ; dans ce dernier cas, ils sont remboursés aux ayants droits du déposant à l'époque de son décès.

Les versements doivent être de *5 francs* au moins par personne, soit *10 francs* pour deux conjoints, sans fraction de franc. Ils ne peuvent dépasser *4,000 francs* dans une année au compte de la même personne.

Tout déposant qui, soit par lui-même, soit par un intermédiaire, opère un premier versement, fait connaître ses nom, prénoms, qualités civiles, âge, profession et domicile.

Il produit un extrait de son acte de naissance, *qui doit lui être délivré gratuitement et est dispensé du timbre*. Il déclare s'il entend faire l'abandon du capital versé, ou s'il veut que ce capital soit remboursé, lors de son décès, à ses ayants-droits ; à quelle année d'âge accomplie, à partir de la cinquantième, il a l'intention d'entrer en jouissance de la rente viagère.

Si le déposant est marié et non séparé de corps ou de biens, il fait les mêmes productions et déclarations, en ce qui concerne son conjoint.

Le mineur âgé de moins de 18 ans doit justifier de l'autorisation de ses père, mère ou tuteur ; en cas d'empêchement, il peut y être suppléé par le juge de paix.

Dans le cas où le versement est effectué par un tiers ou de ses deniers, le tiers donateur doit, indépendamment des déclarations et productions exigées par les articles précédents, faire connaître s'il entend stipuler en sa faveur le retour du capital au décès du titulaire de la rente, ou s'il fait cette réserve au profit des ayants-droit de celui-ci. Dans ce dernier cas, il indique dans sa déclaration s'il accorde ou refuse au titulaire le droit d'aliéner le capital versé.

Si le versement a lieu au profit d'une femme mariée, le consentement du mari doit, en outre, être produit.

Les rentes viagères sont inscrites au *grand-livre de la dette publique*, et payables, par trimestre, à Paris, au Trésor public, et dans les départements, aux caisses de ses préposés. Il ne peut être inscrit sur une même tête une rente supérieure à 1,500 francs.

1er EXEMPLE

1033. Les versements annuels de 30 francs effectués depuis l'âge de 18 ans jusqu'à 60 ans (soit 1,290 francs versés) produisent à ce dernier âge :

1° A capital aliéné, une rente viagère de 457 fr. 77, c'est-à-dire 35 f. 48 p. 0/0 du capital versé ;

2° A capital réservé, une rente de 313 fr. 65 ou 24 fr. 31 p. 0/0 du capital déposé.

	CAPITAL aliéné fr.	c.	CAPITAL réservé fr.	c.
2e EXEMPLE				
1034. 1° Un père de famille effectue un seul versement de 100 francs sur la tête de son fils âgé de 3 ans ; la rente acquise sera, pour la jouissance à 50 ans, de	68	11	56	83
à 60 ans, do	158	44	132	21
à 65 ans, do	267	70	223	37
3e EXEMPLE				
1035. 2° Un livret de 50 francs donné en prix à un enfant de 10 ans par une commune, un département ou un particulier produirait :				
à 50 ans, une rente de	25	01	20	27
à 60 ans, une rente de	58	18	47	10
à 65 ans, une rente de	98	31	79	68
4e EXEMPLE				
1036. 1° Un versement annuel de 30 francs (soit une économie de 0 fr. 10 par jour) fait depuis 18 ans jusqu'à 55 ans produirait une rente de	281	70	195	57
et jusqu'à 60 ans, une rente de	457	77	313	65
5e EXEMPLE				
1037. 2° Pour s'assurer 600 francs de rente à 55 ans, il faudrait verser annuellement depuis l'âge de 20 ans la somme de	71	68	104	62
3° Pour s'assurer 1,000 francs de rente à 60 ans, il faudrait verser annuellement depuis l'âge de 25 ans la somme de	97	37	156	06
4° Pour s'assurer 1,200 francs de rente à 65 ans, il faudrait verser annuellement depuis l'âge de 30 ans la somme de	88	90	146	35

Dispositions générales

1038. Tous les actes destinés à être produits à la Caisse des retraites et aux Caisses d'assurances doivent être délivrés gratuitement et dispensés du timbre, (Articles 11 de la loi du 18 juin 1850 et 19 de la loi du 11 juillet 1868).

1059. Des notices relatives à chacune des trois caisses sont délivrées gratuitement à la Caisse des dépôts et consignations et chez les trésoriers généraux, les receveurs des finances, les percepteurs des contributions directes et les receveurs des postes où sont reçus les versements.

TABLE DES MATIERES

SUCCESSION

Degrés de Parenté. — On appelle parents en ligne directe ceux qui descendent les uns des autres : par exemple, du grand-père au petit fils. — On appelle parents en ligne collatérale, les frères et sœurs, oncles et tantes, neveux et nièces. — Pour calculer le nombre de degrés de parenté en ligne directe, il suffit de compter le nombre de générations.

FÉLIX.
1 |
PAUL (fils de Félix)
2 |
LÉON (fils de Paul)
3 |
JOSEPH fils de (Léon)

Par exemple, il y a une génération entre Félix et Paul, une seconde entre Paul et Léon, une troisième entre Léon et Joseph, Joseph est donc parent de Félix au troisième degré en ligne directe.

Pour calculer à quel degré deux personnes sont parents en ligne collatérale, il faut additionner le nombre de générations depuis l'une de ces personnes jusqu'à l'auteur commun, et le nombre de générations depuis l'auteur commun jusqu'à l'autre personne. Le total donne le nombre de degrés.

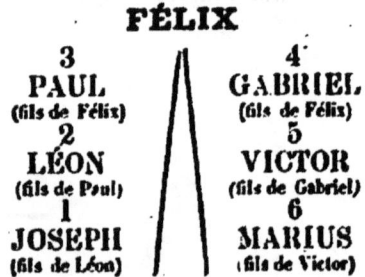

FÉLIX	
3	4
PAUL (fils de Félix)	GABRIEL (fils de Félix)
2	5
LÉON (fils de Paul)	VICTOR (fils de Gabriel)
1	6
JOSEPH (fils de Léon)	MARIUS (fils de Victor)

EXEMPLE : Je veux savoir le degré de parenté en ligne collatérale entre Joseph et Marius. Je compte : 3 générations de Joseph à Félix ; 3 générations de Félix à Marius. Total : 6 générations : Joseph et Marius sont parents au (6me) sixième degré.

www.ingramcontent.com/pod-product-compliance
Lightning Source LLC
Chambersburg PA
CBHW062008200326
41519CB00017B/4727

* 9 7 8 2 0 1 9 5 8 6 3 5 5 *